L'ÉLOGE DE LA FOLIE

PAR ÉRASME

Traduction nouvelle
avec une étude sur la vie & son époque
et une Bibliographie
par ÉMILE DES ESSARTS

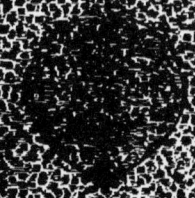

PARIS

L'ÉLOGE

DE LA FOLIE

TIRAGE

Papier à la forme..	500
Grand papier de Hollande de Van Gelder..............	25
Grand papier de Hollande de Van Gelder, avec une double suite de gravures sur chine volant............	25
Papier de Chine..	24
Beau papier du Japon..	10
Parchemin, certifié unique, imprimé au recto seulement.	1
	585

Tous les exemplaires tirés à petit nombre sont numérotés à la presse.

ÉVREUX, IMPRIMERIE DE CHARLES HÉRISSEY.

L'ÉLOGE
DE
LA FOLIE

Compofé en forme de déclamation

PAR ERASME

TRADUCTION NOUVELLE

Avec une Préface, une Étude fur Erafme & fon époque
des Notes & une Bibliographie

PAR EMMANUEL DES ESSARTS
Profeffeur à la faculté des lettres de Clermont

81 EAUX-FORTES D'APRÈS LES DESSINS D'HOLBEIN
Un Frontifpice de WORMS, & un Portrait de l'auteur

GRAVÉS

PAR CHAMPOLLION

PARIS
ARNAUD & LABAT, LIBRAIRES-ÉDITEURS
Sous les galeries du Palais-Royal.

M DCCC LXXVII

AVANT-PROPOS

E fut une agréable furprife pour notre activité toujours inquiète des chofes de l'efprit, pour notre dilettantifme toujours en éveil que de recevoir de l'éditeur l'invitation de traduire l'*Eloge de la Folie*. Or, l'auteur de cet opufcule, le bon Erafme, étant un de nos amis dans le paffé, nous accueillîmes comme une heureufe fortune cette occafion de confumer de longues femaines dans fon docte entretien & fa familiarité piquante. Nous y avons trouvé beaucoup de charme, encore que le charme ne foit pas l'attribut du mordant humanifte, mais bien plutôt la raifon badine, la verve éloquente, la puiffante caufticité. Ce nous fut un bon compagnon, car il nous menait à la chaffe aux ridi-

cules, aux abus, aux vices pourfuivis par fon emblématique Folie qui nous paraiffait plus d'une fois la vraie Sageffe. La Sageffe n'eft-elle pas déeffe, & par conféquent femme, &, toujours d'après la même logique, encline aux jeux & aux déguifements? ne ferait-elle pas capable d'adopter un mafque, un bonnet bizarre, une marotte, des grelots, & de jouer fon rôle ordinaire fous un coftume de carnaval? Cette hypothèfe nous affiégeait à maintes reprifes pendant que nous entendions Erafme nous parler dans ce latin parfois douteux, mais fi original & fi vivant & fi bien fait pour être la langue de l'ironie.

Car c'eft l'ironie qui domine dans ce petit livre, de la première à la dernière page, ironie qui pour le temps comportait auffi fa nouveauté. En effet, la fatire au moyen âge n'accoutume pas d'être auffi fine, auffi légère. Encore Erafme fe reffent-il bien en quelques parties de la lourdeur de l'âge précédent. Mais, à ne juger que d'enfemble, il court, il gliffe, il vole, là où les autres fe traînaient; il laiffe la facétie du moyen âge, loin derrière lui, s'attarder dans la pefanteur, & à diftance il fe retourne pour oppofer au ricanement, à la grimace des fcolaftiques de la plaifanterie le rire facile d'un arufpice ou d'un faune, le rire bienheureux de la Renaiffance. C'eft ce rire qui réfonne & vibre dans tout l'*Eloge de la Folie*, à part les pages

finales où l'héroïne fe fait théologienne. De là
une lecture aifée & rapide. Les parties fucceffives
de ce libelle ne languiffent pas, les petits
tableaux fe fuivent fans ftation trop prolongée,
la revue de la grande armée des Fous eft lefte-
ment & vivement paffée par la dame au vert
chaperon qu'Erafme a chargée de ce foin. Dro-
latique revue, plaifante comparution de toutes
les fottifes & de toutes les vanités humaines
devant un juge qui s'y connaît, une Thalie
tenant la place de Thémis, rédigeant fa fentence à grand renfort d'éclats de rire & avec un
éparpillement de coups de fouet qui fait jaillir
des étincelles.

Qu'on nous permette d'analyfer l'ouvrage
que nous avons effayé de traduire à la moderne,
c'eft-à-dire avec la précifion & le relief, & fans
ce fouci d'éteindre le modèle qui caractérife
l'école pfeudo-claffique de la traduction inexacte.
C'eft à ce titre que nous avons refpecté les
périodes d'Erafme, eftimant infidèle autant
que déplacé d'attribuer à un ftyle imbu de latinité les coupes de la profe voltairienne & la
fautillante allure des phrafes de Beaumarchais.

Voici donc la Folie qui entre en fcène
& lance fon appel. Elle eft la bien venue d'ailleurs. Comme l'Aphrodite antique, elle s'annonce amie du rire, & le rire accueille fa
préfence, car elle apparaît toute radieufe & toute

b

réjouie en ne laiſſant pas de ſe comparer au renouveau de retour; n'eſt-elle pas jeune comme toutes les Immortelles? Elle ſe montre & peut dire, comme Charles d'Orléans :

« Allez-vous en, allez, allez,
« Souſſi, ſoing & mérencolie. »

Ainſi préſentée, elle demande la parole, revendique l'initiative & ſe recommande des ſophiſtes, quand elle pourrait s'apparenter de Socrate. Mais Eraſme ne veut pas lui donner trop vite gain de cauſe, bien qu'elle ſoit ſous forme bouffonne l'interprète de ſes plus ſérieuſes penſées. Cependant point de fauſſe modeſtie. La Folie fera ſon propre panégyrique, dût-elle ſe ſervir à elle-même de joueuſe de flûte. Tout du reſte a trouvé des louangeurs, même la fièvre & la peſte, & la calvitie peu ſéduiſante pourtant. A la Folie donc de prononcer ſon propre éloge. Elle s'en acquittera bien; car cette déeſſe eſt une commère.

Et d'abord, elle fait honte aux plus honteux. Point de neutralité, comme l'édictait la vieille loi athénienne. Entre Momus & Thalès il faut choiſir. N'eſt-elle pas engageante & d'un attrait certain cette fille de l'opulent Plutus & de l'enjouée Démence, & qui naquit ſouriante au milieu des ſourires de la nature?

« Ne vous y trompez pas, celui qui m'a

« engendrée n'était pas ce Plutus d'Ariſtophane,
« déjà penché vers la tombe, atteint déjà de
« cécité; mais le Plutus de jadis, encore en ſon
« entier, fervent de jeuneſſe, & non de jeuneſſe
« ſeulement, mais bien plus encore du nectar
« que par haſard il avait, dans le banquet des
« dieux, amplement humé par larges raſades...
« Je ne ſuis venue au monde ni dans l'errante
« Délos, ni ſur la mer onduleuſe, ni dans les
« creuſes cavernes, mais dans les îles Fortunées,
« où tout vient ſans ſcience & ſans culture. Là
« plus de travail, plus de vieilleſſe, plus de
« labeur; nulle part dans les champs d'aſpho-
« dèles, de mauves, de ſcilles, de fèves; mais de
« tous côtés au plaiſir des yeux, au loiſir des
« narines, ſe jouent le moly, le népenthès, la
« marjolaine, l'ambroiſie, le lotos, la roſe, la
« violette, l'hyacinthe, les jardins d'Adonis. »
(P. 11-12.)

Et ſouriante toujours elle s'avance au milieu
d'un cortége flatteur & bien complaiſant pour
toutes les miſères humaines, elle-même offrant
tous les biens. Ne diſpenſe-t-elle pas le plus
grand de tous, la vie (p. 114 & 199)? Explication délicate & que je laiſſe aux ſoins d'Eraſme,
nul traducteur n'étant reſponſable des libertés
de ſon modèle. Mais, une fois pour toutes, que
la pruderie, cette triſte invention de l'hypocriſie
moderne, ne préſide pas à la lecture de ce

volume, &, pour quelques lignes où Léon X & Sadolet n'euffent pas trouvé matière à fcandale, où fe fuffent délectées la grande Mademoifelle & Madame de Sévigné, que l'on ne faffe point le procès à la pauvre Folie. Rappelez-vous comme Shakefpeare, dans la *Douzième Nuit,* traite fon Malvolio « a devil of puritan »; comment Molière arrange Arfinoé par les mains de Célimène, & croyez, avec ces grands hommes, que pruderie & vertu ne font nullement fynonymes.

La Folie avant tout veut prouver qu'elle eft fympathique. C'eft elle en quelque forte qui de fes reflets dore l'enfance, empourpre l'adolefcence & la jeuneffe, argente de douces lueurs le front du vieillard. A cette « feconde enfance » de la vieilleffe elle verfe comme un Léthé de Jouvence. Et le vieillard lui doit fes plaifirs, & le vieillard lui emprunte fon charme. Car rien n'eft plus charmant qu'un vieillard encore jeune & d'un efprit indulgent.

« Que maintenant les impertinents aillent
« évoquer les Médées, les Circés, les Vénus, les
« Aurores & cette fontaine qu'ils cherchent je
« ne fais où pour rendre la jeuneffe, quand feule
« je poffède & pratique ce pouvoir. En effet, je
« difpofe de ce fuc merveilleux avec lequel la
« fille de Memnon prolongea la jeuneffe de
« Tithon. Je fuis cette Vénus dont la faveur fit

« rajeunir Phaon, pour qu'il pût être aimé
« de Sapho. J'ai des herbes & des enchante-
« ments, une fontaine qui non-feulement rap-
« pelle l'adolefcence écoulée, mais qui la per-
« pétue. »

Si la terre ne nous fuffit pas, la Folie nous enlève au ciel. Parcourons l'Olympe, Bacchus,

« Au vifage de vierge, au front ceint de vendange »

eft bien le plus aimable & le plus fou des dieux. En vain Ariftophane & tous fes camarades de l'Ancienne Comédie lui décochent-ils leurs traits les plus perçants. On fait bien qu'un allègre Lyæos calmera leur fureur factice. Et notre Ariftophane fera le premier à s'écrier dans les *Grenouilles* par la voix fonore du chœur : Iacchus, dieu vénéré, accours à notre voix.... agite les torches ardentes, ravive leur éclat; Iacchus, Iacchus, aftre brillant de nos myftères nocturnes... O Bacchus, roi de la danfe, guide mes pas. (Ariftophane, — *Grenouilles*, traduction Poyard, p. 403-599.)

Et qui va-t-on chercher dans l'Olympe après Bacchus ? Eft-ce Jupiter & Vulcain ? Eft-ce Pallas ? Non ; c'eft Cupidon, ce dieu qui ne dédaigne pas d'être un petit enfant & un petit fou. Et c'eft l'Acidalienne, la Cythérée, l'Aphrodite d'or qui porte fur fa figure une folie printanière. Encore les hôtes les plus graves de la demeure olympienne favent-ils parfois s'apprivoifer. Les mythologiques amours de Jupiter en donneraient des nouvelles, & la forêt confidente parlerait au befoin de Diane & d'Endymion. Qu'eft-ce donc des bouffonneries ancillaires de Vulcain & des preftiges de Mercure, & de la cordace fi vertement danfée par Silène, & de la rauque chanfon de Pan, & des Satyres & Satyreaux communiquant à l'Olympe l'hilarité de leurs « atellanes » !

Redefcendons fur la terre. L'homme eft-il, de préférence inftinctive, raifonnable ou bien paffionné ? C'eft la paffion qui le domine & par fuite la Folie ! Pour fon malheur, diront les prétendus Sages. Pour fon bonheur, répondra l'héroïne d'Erafme. Et franchement ces deux thèfes peuvent fe foutenir. Car, fi l'excès ou l'indignité font à redouter dans les emportements de la paffion, rien de grand ne fe fait fans paffion, fans paffion rien ne s'obtient qui vaille l'honneur d'un fouvenir : la vie fans paffion, ce ferait la nature fans foleil. Or dans toute paffion il entre un peu de folie, on ne peut en difconvenir. D'ailleurs, tout ce qui s'écarte du train ordinaire de la vie & de la moyenne fageffe eft taxé de folie par les efprits médiocres, c'eft-à-dire par la majorité des hommes. Ne faifons pas intervenir d'auguftes exemples : mais eft-il une feule des fécondes inventions, des audacieufes découvertes du génie, des hautes entreprifes de l'hiftoire qui, foumife au jugement de ceux qui fe croient les Sages, n'ait été traitée de folie, d'extravagante & de chimérique ? Ici, que la bonne foi me réponde, & la Folie, qui eft un peu ma cliente, triomphera fur ce point. A prendre la queftion férieufement, elle peut produire tout le mal poffible; mais il lui refterait toujours d'avoir, à l'aide de la paffion, accompli toutes les grandes chofes qui aient été faites en ce monde.

Voilà pour l'efpèce humaine en général. En particulier, la Folie revendique la femme, mais pour lui donner un rôle charmant, celui qui confifte « à tempérer, à récréer la trifteffe de l'efprit viril dans la communauté domeftique ». A cette Folie, leur patronne, elles doivent la beauté qu'une auftère fageffe eût chaffée d'ici-bas, & le défir de plaire, & l'attrait, & la perpétuelle adolefcence, toute la ceinture de Vénus. Point de feftin encore fans la Folie, fans elle point de ces douces relations qui rendent fi délicieufe la fociété de nos femblables, fans elle peut-être pas d'amitié !

Ne cherchons point ici les définitions de Cicéron, ni, comme parle Montaigne, « la force inexplicable & fatale, médiatrice de toute union ». Attendez-vous à un paradoxe qui, comme tout paradoxe, n'eft que la vérité atournée & coſtumée. Ce que veut dire cette chère Folie, c'eſt que l'illuſion ne nuit pas à l'amitié; qu'elle ſert, au contraire, à l'entretenir & à la cimenter, là où peut-être de part & d'autre une connaiſſance raiſonnée des défauts & travers réciproques amènerait le refroidiſſement & la déſaffection. Rien de plus juſte. La véritable amitié vit d'illuſions : car elle n'eſt l'amitié qu'à la condition de rejeter dans l'ombre les défauts de l'être affectionné, & de mettre ſes qualités non-ſeulement en pleine lumière, mais comme dans cette perſpective de la ſcène qui agrandit les proportions. Il n'eſt pas, en effet, d'amitié ardente, dévouée, fidèle, c'eſt-à-dire d'amitié (car tout le reſte n'eſt que camaraderie ou convenances ſociales), qui n'ait, comme l'amour, ſon grain de folie dans une conception enthouſiaſte & exaltée des mérites de l'ami ou de l'amie que l'on chérit. Si votre ami eſt bon, qu'il vous ſemble un juſte; s'il eſt auſtère, qu'il ſoit pour vous un ſaint; s'il eſt vaillant, qu'il vous apparaiſſe un héros; enfin, s'il eſt ſimplement affectueux, qu'il ſoit Pylade pour vous Oreſte, pour vous Euryale qu'il ſoit Niſus!

Pure folie, diront les ſpectateurs indifférents & goguenards. Soit, mais ici encore c'eſt la Folie avec ſes hyperboliques illuſions qui prête au monde la force des grandes amitiés & ſuſcite avec elle des énergies que le commun des mortels ne foupçonne pas. L'amitié fervente & folle a fauvé Ifraël, délivré Thèbes, remué des montagnes. Braves bourgeois aux affections « fages & raifonnables », vous ne feriez pas feulement bouger un caillou.

C'eft au même titre que la Folie revendique pour elle le bonheur du mariage. En effet, dans cette affection plus exigeante que l'amitié, puifqu'elle implique la continuité de l'exiftence à deux & une union bien autrement intime & profonde, fans une illufion conftante, je dirais même fans une admiration mutuelle, naïvement fentie chez les humbles, plus voulue, mais non moins fincère chez les braves gens qui ont de l'efprit, le mariage aboutirait bientôt à la laffitude & à l'ennui. Malheur aux époux qui fe jugent ! obfervez les bons ménages, & vous y reconnaîtrez toujours la part de l'illufion, c'eft-à-dire de la folie, illufion bien refpectable, folie facrée !

Nous ne fuivrons pas Erafme & fa déeffe dans les adouciffements qu'ils prétendent apporter aux infortunes conjugales. Ici l'illufion n'eft qu'une trifte reffource. Ce n'eft plus le généreux ftimulant des bons mariages & des belles amitiés, mais encore l'aveuglement d'un malheureux époux n'eft-il point préférable à la fanglante découverte de la réalité ? mieux vaut peut-être ignorer le gouffre que de le contempler

c

dans toute fon horreur. Bienfaifant le bandeau qui préferve du vertige & du précipice !

L'illufion, toujours l'illufion ! telle eft la panacée que recommande la Folie ! Sans une confiance parfois exceffive & illufoire, y aurait-il un orateur, un poëte, un artifte affez affermi pour ofer fe rifquer devant le public? « Il eft néceffaire que chacun commence par fe flatter foi-même avant de fe recommander aux autres. » Ecoutons Pafcal parler de l'imagination qui n'eft autre que cette illufion dont la Folie eft fi fière :

« Je ne parle pas des fous, je parle des plus
« fages, & c'eft parmi eux que l'imagination a
« le grand don de perfuader les hommes... Cette
« fuperbe puiffance a établi dans l'homme une
« feconde nature. Elle a fes heureux, fes mal-
« heureux, fes fains, fes malades, fes riches, fes
« pauvres; elle fait croire, douter, nier la rai-
« fon; elle fufpend les fens, elle les fait fentir,
« elle a fes fous & fes fages... Qui difpenfe la
« réputation ? Qui donne le refpect & la véné-
« ration aux perfonnes, aux ouvrages, aux lois,
« aux grands, finon cette faculté imaginante ? »
(Ed. Havet, in-12, p. 35-36.)

Et Pafcal renchérit encore : « L'imagination
« difpofe de tout; elle fait la beauté, la juftice
« & le bonheur qui eft le tout du monde. »
(*Ibid.*, p. 41.)

Nous protefterions contre Pafcal & contre
Erafme au nom de la vraie raifon, de la raifon
fublime & fupérieure des véritables fages; mais
avec elle nous n'héfitons pas à croire que le bon
fens vulgaire eft incapable d'agir fur les hommes
comme l'imagination, ou l'illufion, fi vous le
voulez. Que ce foit un bien ou un mal, le fait
exifte, & tout fait doit être fignalé.

La Folie, telle qu'Erafme la met en fcène,
n'eft pas embarraffée pour fe trouver des clients
& des titres. La voici qui réclame la guerre
& les guerriers. Nous ne lui envierions pas ce
domaine, fi ce n'était un champ d'héroïfme
& de bien d'autres vertus. Difcipline, patience,
abnégation, bravoure, tout cela tient fous les
plis du drapeau. Ce n'eft pas le gros bon fens,
la fauffe fageffe qui déploieront ces vertus.
Jamais le bon fens n'a pris de canons au pas de
courfe, jamais il n'eft monté à l'affaut, jamais il
n'a réfifté pour l'honneur & contre toute efpérance; il eft dans la nature du bon fens de capi-
tuler. La Folie feule a fait Marathon & Sala-
mine, & Poitiers, & Lépante, & Rocroy,
& Fontenoy, & Valmy, fuivi de Jemmapes
& de Fleurus.

Que la Folie d'Erafme foit parfois irrévérente
pour la vraie Sageffe & s'oublie à la confondre
avec la fauffe, je n'en difconviendrais pas; mais
entre la fauffe fageffe & une généreufe folie

l'héfitation n'eft plus poffible, & la thèfe paradoxale d'Erafme prend l'importance folennelle de la vérité. Ailleurs elle redevient une fpirituelle gageure. Par exemple (p. 47), la parodie de la vie politique eft traitée par Erafme d'une façon bien divertiffante. Avouons qu'il tombe jufte. Les critiques contre le ftoïcifme (p. 53-54) ne font pas fans portée. Le ftoïcifme a produit de belles vies & de belles morts, & maintenu en face des Céfars une grande force morale, la proteftation de la confcience. Mais n'a-t-il pas, comme la doctrine religieufe qui devait prévaloir fur lui, contribué par trop à l'abftention & au détachement de la vie publique? A partir de cette page mélangée de badinage & de vérité, comme ce qui précède, le paradoxe recommence toujours plaifant, mais moins fpécieux que précédemment. Cependant il ne faut point oublier que fi la penfée d'Erafme fe trahit de temps en temps, c'eft la Folie qui parle, un perfonnage capricieux & bouffon, malgré fes illuminations étonnantes, & que la Folie doit être conféquente avec fon nom & fes attributs. La fcience & les arts font malmenés par elle & ne s'en portent pas plus mal. Seulement le retour à la nature, comme elle l'entend (p. 63-199), ferait un retour à la barbarie & à la beftiale ignorance. Elle badine, il eft vrai, mais par malheur bien d'autres ont lourdement differté fur le même fujet, & les apologiftes des fauvages, Jean-Jacques le premier, n'ont pas fait les affaires de la civilifation.

La Folie me femble plus à fon aife & fur un meilleur terrain quand elle préconife les fous comme bons & joyeux compagnons (p. 69-199), feuls capables de faire entendre la vérité aux oreilles les plus récalcitrantes. De même quand elle revient à fon panégyrique de l'illufion. Et cependant elle « rougit prefque » de certaines complaifances par trop fortes des imaginations humaines. Elle admet « l'alchimifte » auquel refte (p. 78), « cette penfée confolatrice qu'avoir rêvé le grand eft déjà une fatisfaction »; mais les joueurs, elle ferait tentée de les renvoyer aux Furies. Et je ne fais où elle enverrait ceux qui adorent les faints comme des idoles : « Ils ont trouvé dans faint Georges
« un Hercule, un autre Hippolyte. Voyez-les
« adorer, ou peu s'en faut, le cheval du faint
« pieufement orné de colliers & de boutons,
« s'acquérir auprès de lui fans ceffe de nouveaux
« mérites par de petits préfents, jurer par fon
« cafque, ce qui eft pour eux un mérite fouve-
« rain » (p. 80-199). Et comme elle les traite, ceux qui attendent toutes les joies terreftres & céleftes des mefquines pratiques de dévotion, & ceux qui « fe contentent avec de fauffes
« rémiffions de leurs crimes & mefurent comme

« à la clepfydre les efpaces du Purgatoire ». La Folie n'eft pas amie des indulgences. Erafme non plus. L'Eglife n'eût rien perdu à écouter fur ce point cette théologienne de carnaval.

Au refte la Folie a beau jeu de s'étendre fur l'idolâtrique adoration des faints au temps d'Erafme. Les faits qu'elle cite paraiffent incroyables & font d'ailleurs dépaffés par le témoignage de l'hiftoire. Dans le recours aux faints & dans les indulgences les plus grands fcélérats croyaient trouver l'affurance de l'impunité future & pour le préfent le droit à prix d'argent de recommencer fans ceffe leur enchaînement de vices & de crimes. A fes contemporains qui rachetaient fi effrontément toutes leurs ignominies, Erafme tient le bon langage & fait la réponfe vraiment chrétienne, cette fois fous le pfeudonyme d'un Sage :

« Vous ferez une bonne fin à condition que
« vous commencerez par bien vivre. Vous rache-
« terez vos péchés en ajoutant à votre pièce de
« monnaie la haine fincère de vos fautes, les
« larmes, les veilles, les prières, les jeûnes,
« &, en un mot, la converfion. Vous n'obtiendrez
« les faveurs de tel ou tel faint qu'en imitant fa
« vie. »

La Folie quitte un moment les faux dévots pour paffer en revue un bon nombre de fes adeptes, des moins féduifants, de ceux chez qui l'illusion confine à la bêtise. Voici les minutieux qui de leur vivant ordonnent leurs funérailles, & les orgueilleux tout empanachés de leur nobleffe, & les artiftes préfomptueux, & les dupes de la flatterie qui font tout un peuple dans chaque nation, & tous ceux qui donnent la comédie à l'Olympe :

« Les dieux en effet emploient les heures qui
« précèdent midi, les heures fobres, à entendre
« les prières des mortels ou leurs débats querel-
« leurs. Au refte, quand ils font humides de
« nectar & qu'il ne leur plaît plus de rien faire
« de férieux, ils fe réuniffent au plus haut du
« ciel & regardent en bas la comédie des mor-
« tels » (p. 101-102).

Puis vient une de ces énumérations drolatiques où triomphe Erafme, & qui va des quêteurs de dot & des exploiteurs de fucceffion, des trafiquants fraudeurs admirés par des moinillons en frairie, aux bigots qui courent à tel pèlerinage laiffant au logis femmes & marmots (p. 105). A ces grandes revues, tel eft le procédé de notre auteur, fuccèdent des catégories. Apparaiffez, pédants, grands donneurs d'étrivières, pour être à votre tour fuftigés par cette déeffe qui n'y va pas de main morte. Venez, verfificateurs, rhéteurs, plagiaires, jurifconfultes, pour recevoir plus ou moins votre paquet. Mais la fcolaftique attrape les meilleurs horions. C'eft que la fcolaftique, épaiffie de ténèbres, eft la plus grande ennemie d'Erafme : car notre Erafme eft un des fils de la Renaiffance toute lumineufe. Scolaftique & théologie étaient alors de la même famille : auffi la Folie les fait-elle fraternifer dans fa diftribution d'efcourgées. Et remarquez qu'il ne s'agit plus de vétilles plus ou moins plaifantes, mais de férieux griefs tous appuyés fur des faits. Ici la Folie eft l'interprète de l'hiftoire : toutes ces propofitions bizarres, abfurdes, impies au regard de la tradition chrétienne, & que l'héroïne d'Erafme flétrit en badinant, toutes font extraites des théologiens & des fcolaftiques du temps. On ne lifait pas l'Evangile, on l'interdifait aux fimples fidèles, & l'on fe demandait férieufement (p. 120), « fi Dieu aurait pu s'unir avec un âne, fi une citrouille eût pu faire des miracles ». Jamais l'inanité de la fcolaftique, la ftérilité de la théologie du moyen âge n'ont été fi profondément étudiées, fi exactement rendues. Rien ne peut fe détacher de cette partie, d'un ton plus élevé, & qui fait penfer fouvent aux *Provinciales* de Pafcal. C'eft un fervice qu'Erafme rendait une fois de plus à la religion, même en démafquant ceux qui la furchargent de pratiques, & l'adultèrent d'inventions fubtiles & fcandaleufes, race qui n'eft point perdue de nos jours. Aux théologiens & aux fcolaftiques Erafme affocie les moines

dans fon réquifitoire; les moines qu'à l'exemple
de beaucoup d'excellents chrétiens il eftime
auffi infructueux, auffi dangereux parfois qu'un
prêtre peut être utile (p. 131-199). Dans cette
averfion à l'endroit des moines, il fe rencontre
avec les hommes les plus pieux du moyen âge
& de la Renaiffance, car ce n'étaient pas des
Lollards ou des Albigeois, c'étaient des catholiques fervents que tous ces poëtes fatiriques, ces
Guillaume de Lorris, ces Jean de Meung, ces
Rutebeuf, ces Alain Chartier, fi févères d'habitude pour la gent qui porte froc. Remarquons ce
fait curieux que, dans ces audaces qui paraî-
traient exceffives à notre timidité, difons le mot,
à notre lâcheté contemporaine, Erafme fut
approuvé par les témoignages flatteurs de tous
les papes qui vécurent de fon temps. Léon X
qui donnait à fes invités en guife de divertiffement le fpectacle d'un moine berné & feffé,
n'était pas pour le contredire. Et Thomas
Morus, qui voulut en Angleterre patronner
l'*Éloge de la Folie*, fut de manière folennelle
un martyr de la foi romaine. A cette époque,
du refte tous les catholiques éclairés, & furtout
les dignitaires de la cour de Rome, jugeaient
& qualifiaient les moines à la façon d'Erafme.
Ces difpofitions ont ceffé de nos jours parmi
ceux qui fe difent orthodoxes. Eft-ce la difpari-
tion des abus qui ramène ainfi bon nombre

de nos contemporains vers le monachifme? cette explication ferait trop fimple & trop naïve à donner, les chofes en ce monde font d'ordinaire plus compliquées.

Quoi qu'il en foit, nous recommandons au lecteur toutes ces fcènes grotefques de théologie en action (p. 138-199), qu'Erafme expofe devant nos yeux. C'eft de la comédie & de la meilleure, puifqu'elle met en œuvre la réalité. Mais il ferait trop long de vous dérouler tout cet imbroglio. Auffi bien faut-il laiffer au lecteur quelque furprife. Il ne goûte pas moins de plaifir à ces portraits faififfants des princes (p. 147-199), des courtifans (150-199), des évêques & des papes. Mais la Folie théologienne, prêchant & gourmandant avec autant d'éloquence que d'efprit, la Folie ramenant au vrai chriftianifme les entêtés de fuperftition, la Folie héritière des faint Bernard & des Gerfon, & devancière de Pafcal & de Saint-Cyran dans la pieufe intention de réformer la difcipline de l'Eglife, offre un fpectacle bien réjouiffant à la fois & bien curieux pour le penfeur. Car la vifée d'Erafme eft de nous faire réfléchir en nous faifant rire. Fortifier la foi dans les âmes en épurant l'Eglife, telle a été toujours la penfée d'Erafme, penfée vraiment politique & dont l'accompliffement n'eût point laiffé de place à Luther. Lorfque avec fincérité, dans une vue de conciliation, l'on foutient une telle entreprife, toutes les armes font bonnes & l'efprit n'eft pas la moins efficace. De là pour nous la valeur morale autant qu'hiftorique de toute cette dernière partie de l'*Eloge de la Folie*. Il y a plus de verve & d'obfervation dans les deux tiers de l'ouvrage, mais comme cette fin fe relève dans l'éloquence & dans la profondeur ! C'eft donc un attrait des plus varié que nous femble promettre cet ouvrage, fi toutefois ma traduction répond, comme je m'enhardis à le croire, tantôt au mouvement, tantôt à l'ampleur de l'original. Puiffé-je moi-même n'être pas en cette occurrence trompé par la reine de toutes chofes, au dire de la Folie, par l'inévitable Illufion !

Emmanuel DES ESSARTS.

INTRODUCTION HISTORIQUE

ERASME, SA VIE ET SES ŒUVRES

E n'ai pas la prétention, en venant parler d'Erafme & de fon temps, d'apporter au lecteur une de ces études complètes ou définitives que notre époque produit à intervalles. Cette étude d'ailleurs a été faite & bien faite par M. Durand de Laur, dans les deux volumes publiés en 1872[1]. Il me femble fuffifant, pour un travail préliminaire, avant-coureur de cette traduction, de rappeler les incidents de la vie d'Erafme, les péripéties où fa deftinée dut fe trouver engagée; de déterminer fes relations avec d'illuftres contemporains, d'établir le caractère de fon œuvre, de définir enfin fon rôle fur la fcène du XVIe fiècle, & dans le grand drame de l'humanité.

[1] *Erafme, précurfeur & initiateur de l'efprit moderne*, par M. Durand de Laur, ancien profeffeur de l'Univerfité. Paris, Didier, 1872.

Génie actif mais moyen, esprit plutôt qu'imagination, plus doué par l'intelligence que par la sensibilité, notre Erasme ne pouvait mieux faire qu'en naissant au pays de Hollande, à Rotterdam, le 28 octobre 1466. Il naquit en Hollande & resta hollandais; parmi toutes ses finesses & toutes ses élégances, comme tous les grands artistes de son pays, il sut saisir & rendre la réalité dans ce qu'elle a de plus vif & de plus expressif; il lui manqua, comme à ces peintres d'ailleurs admirables, de s'élever aux régions supérieures de l'art où se développe le pathétique, où le lyrisme s'épanouit, où triomphe amplement l'idéal. Humaniste & nourri du suc de l'antiquité, ce fut exclusivement un moderne Latin, possédant & dispersant le sel de l'atellane & de la satire, mais incapable d'émettre le souffle léger de la muse grecque, « spiritum tenuem. » Ses lèvres sont imbues de falerne : à d'autres le miel de l'Hymette.

La naissance d'Erasme fut le seul événement romanesque d'une vie plus agitée que troublée. Entre sa mère, Marguerite, & son père, Gérard, l'amour avait été le précurseur du mariage. Au moment où vint au monde cet enfant qui devait tant faire parler de lui, le père avait été contraint à la fuite par les résistances de ses parents. A Rome, où il s'était réfugié, on s'empressa de lui annoncer la mort de Marguerite; cette nouvelle mensongère jeta Gérard dans les ordres; de retour en Hollande, il retrouva, mais vainement, Marguerite vivante, mère, & ne s'attachant qu'à réparer son imprudence en élevant son fils avec tout le soin possible. Gérard, quoique médiocrement riche, n'abandonna ni Marguerite, ni son enfant; par malheur, ce père & cette mère du futur Erasme moururent à peu de diſtance, l'un & l'autre à peine âgés de quarante ans, laiſſant aux priſes avec des tuteurs d'affection douteuſe un pauvre écolier de treize ans. Cet écolier ſavait déjà par cœur Horace & ſurtout Térence qu'il apprécia toujours comme le plus pur modèle de la diction latine. Mais Horace & Térence étaient impuiſſants à protéger contre l'avarice des tuteurs le petit latiniſte de Deventer, déjà promis à de grandes deſtinées par les maîtres de ce célèbre collége : Alexandre Hégius, Jean Sintheim, Rodolphe Agricola. Quoi qu'on en ait dit, les commencements ne ſont pas trompeurs ; il y aura toujours un eſſaim d'abeilles divinatrices pour accourir aux lèvres plus tard éloquentes & inſpirées.

Le jeune Gérard de Gérard, comme on l'appelait alors[1], n'en fut pas moins arraché à des maîtres ſavants & affectueux par les tuteurs qui, dans leur penſée, dévouaient à la vie conventuelle celui qui devait être le plus terrible antagoniſte de ces moines. Gérard de Gérard, que nous déſignerons déſormais ſous le nom d'Eraſme, fut, à partir de ce moment, comme ballotté entre les exigences monaſtiques de ſes tuteurs & ſes invincibles & prophétiques répugnances contre les couvents alors bien dégénérés, & de tout temps très-mélangés, très-ſuſpectés, ſauf aux grandes époques de fondation. Nous aſſiſtons à un curieux duel entre un enfant & le monachiſme, duel qui prendra de tout autres proportions, quand l'enfant ſera devenu un homme. Eraſme fut obligé à continuer, ou plutôt à ralentir ſon éducation dans la communauté de

---

[1] Plus tard, notre polémiſte changea ſon nom en celui de *Deſiderius* (Didier). Il y ajouta dans la même ſignification le ſurnom d'*Eraſmus*, Eraſme.

Bois-le-Duc; il y perdit trois ans. Au bout de ces trois ans, il fe vit pouffé vers le monaftère de Sion; après une lutte affez longue & fort pénible, il agréa la communauté de Stein pour y trouver au moins un camarade d'enfance, Corneille Verdénus. Mais la vie de couvent parut infupportable à Erafme, comme il l'écrivit plus tard à un fecrétaire de Léon X[1], en traçant le récit de ces douloureufes années, & pourtant, de guerre laffe, il dut accepter l'habit de religieux. Quelles rancunes & quelles repréfailles dans la fuite! Au moins les Lettres lui furent-elles auxiliaires & confolatrices, les Lettres qui devaient porter fi haut cet obfcur captif d'une réclufion involontaire. Erafme fe livra paffionnément à l'étude avec un compagnon qui fut un poëte latin diftingué, Hermann de Tergoum; au moins ne fe trouva-t-il pas gêné dans fes labeurs par le mauvais vouloir de fes confrères, qu'il nous dépeint tous adonnés à la molleffe, à la pareffe, & fe complaifant dans la fatisfaction de leur ignorance & l'oftentation de leurs barbarifmes.

Les progrès d'Erafme furent rapides: à vingt ans, il avait produit plufieurs petits traités. Sa réputation précoce lui attira la bienveillance d'Henri de Bergues, évêque de Cambrai, qui le fit fortir du couvent & lui permit enfuite de faire un ftudieux féjour à Paris [2]. Le malheureux Erafme alla donner tout droit, comme dans un gouffre, en plein collége de Montaigu, dans ce collége fameux, non-feulement par l'atroce févérité de

---

[1] Lettre à Grummius.

[2] Ce fut à Cambrai qu'Erafme fe lia avec un de fes principaux correfpondants, Jacques Battus, fecrétaire de la ville de Bergues.

Plus tard, la protection de ce prélat devint fi chiche & fi reftreinte, qu'Erafme l'appelait l'anti-Mécène.

fon règlement, mais par l'horrible faleté qui le rendait pernicieux aux étudiants. C'était l'antre des maladies, la caverne de la faim. Erafme acheva de compromettre fa fanté dans cet épouvantable ergaftule. Il alla fe rétablir tant bien que mal en Hollande, pour retourner enfuite à Paris, y travailler de fon mieux, mais dans de déplorables conditions : l'argent lui faifait défaut pour acheter des livres ou pourfuivre des études défintéreffées. Il fe difperfait en vaine befogne de répétiteur ou de précepteur. En même temps, de faux rapports lui faifaient perdre en Hollande les amis de fa jeuneffe; l'apprentiffage de la vie ne lui fut pas clément; il eut, du refte, à lutter longtemps contre la gène, toujours contre la mauvaife fanté. Lutte où fon corps ne fut brifé qu'à la longue, où fon efprit ne femble jamais avoir été vaincu, mais qui pourtant explique certains tempéraments dans fes plus grandes audaces.

L'exiftence d'Erafme devait être vagabonde, au gré des protections fréquemment décevantes qui fe préfentaient à lui. Quoique fecourable, une marquife de Weere, noble dame de Zélande, lui fit attendre vainement ce que fut Marguerite d'Autriche pour Jean Le Maire des Belges, Marguerite d'Angoulême pour Le Fèvre d'Étaples. Un Anglais, rencontré à Paris, mylord Montjoy, lui fut plus dévoué, plus obligeant. Auffi le voyons-nous chercher l'hofpitalité tantôt chez Mme de Weere, tantôt auprès de mylord Montjoy à Paris, puis en Angleterre. Dans ce pays, alors ouvert aux premiers fouffles de la Renaiffance, Erafme contracta une amitié indiffoluble avec l'un des initiateurs de l'efprit anglais, Thomas Morus, qui fut plus tard le martyr de fa conviction morale et de fa foi religieufe [1], après avoir été le zélateur de la civilifation & le chercheur original de l'*Utopie* [2].

Ce fut là qu'Erafme vit, enfant & déjà précoce par l'intelligence, le prince qui devait s'appeler Henri VIII. Outre Morus, Erafme fe lia d'intimité avec le futur doyen de Saint-Paul, Jean Colet, perfonnage auftère, rigoureux théologien, promoteur du retour aux Pères de l'Églife, avant-coureur de la Réforme, curieux comme le furent les Luthériens, fi méconnus en ce point, non d'innovation & d'héréfie, mais d'orthodoxie reftaurée. Erafme écrivait à Montjoy : « Entre Morus & Colet, j'accepterais de vivre au fond de la Scythie. » A ces amis fe joignaient le favant Grocin, le fubtil Linacer & un certain prieur Charnoce que « Defiderius » accoutumait d'appeler « le prêtre des Grâces », charmante & bien jufte image, les déeffes aux mains reliées par des fleurs n'ayant point ceffé, pour le bonheur du monde, de s'agréger un facerdoce qu'aucun dieu ne faurait leur ravir. Sous de telles aufpices, l'Angleterre fut aimable à Erafme ;

---

[1] Luther (V. Ses *Propos de table*), devait fe réjouir publiquement de la mort violente de Thomas Morus. Les perfécutés d'alors étaient fi prêts de devenir les perfécuteurs! Morus, il eft vrai, l'avait attaqué, en réponfe à fon libelle contre Henri VIII, dans un pamphlet dont l'invention eft digne d'Ariftophane. Il fuppofe des guêpes allant, aux ordres de Luther, recueillir & ramaffer dans tous les mauvais lieux un butin de caquetages, d'obfcénités & d'injures (*Opera Mori*, p. 61). En revanche, Maurice Scève, notre poëte français, a confacré un dizain à la mémoire de Morus fupplicié.

[2] L'*Utopie* de Morus a le tort d'imiter le communifme de Platon & de préparer les fyftèmes analogues de Fénelon, de Campanella, de Babœuf, tous attentatoires à la liberté humaine. On ne peut néanmoins qu'applaudir aux idées généreufes qui fe trouvent répandues dans cet ouvrage : elles fuffifent à corriger le paradoxe fondamental. Morus, fur quelques points (liberté de confcience, adouciffement des peines), eft le précurfeur de Beccaria, le devancier de Voltaire.

il la nommait « notre Angleterre ». Il ne laiffait pas d'y remarquer[1] « des nymphes au vifage divin », ces héroïnes à venir de Spencer & de Sydney, & de noter à ce propos l'avenante habitude des embraffements à toute vifite, à toute rencontre, embraffements dont il « ne dédaigne ni la douceur ni le parfum ». Cette lettre paraît à M. Durand de Laur étrange pour un théologien, foit; mais il ne nous déplaît pas, dans un théologien, de retrouver un homme d'efprit fenfible aux petits riens de la vie, d'humeur badine & très-accommodante. Malgré ces difpofitions, nous allons voir Erafme fur les grands chemins. Le voilà en route pour Paris; mais décidément la France ne lui était point propice, car ce voyage fut coupé de méfaventures. De Paris, où l'attendait au moins un ami déjà éprouvé, le profeffeur Auguftin Caminade, la pefte chaffa Erafme à Orléans, & d'Orléans le fit partir en Hollande. Que de déceptions le guettaient : il ne rencontra Guillaume Hermann que jaloux & prefque ennemi; l'affiftance de la dame de Weere lui avait été fouftraite, la tutelle promife du duc Adolphe de Bourgogne lui fit défaut. Trifte exiftence fi longtemps en quête de piftoles & d'angelots ! Et la vie du favant néceffitait bien des frais : achats de copies, de manufcrits, correfpondances, que fais-je encore ? L'hofpitalité qui le défrayait était fouvent brève ou précaire. Ainfi Battus, qui avait reçu Erafme, mourut bientôt; un protecteur efpéré, l'archevêque de Befançon, ne tarda pas à rejoindre Battus. A ce moment, cinquante pièces d'or décernées par Philippe le Beau, ne furent pas mal venues pour l'homme qui,

---

[1] Lettre au poëte Fauftin.

dans tous ces vagabondages, tranfportait avec lui fes travaux inceffants & fes publications répétées, & que les *Adages* venaient de faire connaître à toute l'Europe favante. Londres de nouveau le recueillit : Montjoy l'y appelait ; le prince Henri, qui devait être bientôt l'un de fes correfpondants, l'archevêque de Cantorbéry, Warham, lui firent un accueil auquel Erafme fut toujours fenfible, non fans défirer un petit & fi néceffaire appoint en monnaie bien fonnante. Erafme avait alors près de quarante ans, quand il lui fut donné, vers la fin de l'été de 1506, de partir pour cette Italie qu'il invoquait de tous fes défirs. Il y voyagera en érudit, comme tous les hommes de fon temps ; ni du Bellay, ni Montaigne eux-mêmes ne rapporteront de l'Italie l'impreffion du payfage, la fenfation de la nature directement obfervée. Milton, le premier, & bien brièvement encore, trahira l'effet produit fur fon imagination de poëte par quelques fites & furtout indiquera l'inoubliable preftige de la lumière. (*Paradife loft*, l. III, 1-36.)

Erafme partit avec les deux fils de Boério, médecin du roi d'Angleterre ; il guida pendant deux ans fes jeunes amis : Turin, Bologne, Venife, Padoue, Sienne, Rome, Cumes, où il crut pénétrer dans l'antre de la Sibylle, le gardèrent fucceffivement. Seuls l'avénement de Henri VIII, &, à ce propos, l'invitation de Montjoy, le rappelèrent dans la Grande-Bretagne. Ce fut du refte pendant ce voyage aux terres aufoniennes qu'Erafme ébaucha l'*Éloge de la Folie*, ce petit livre qui jouit d'une fi grande renommée, & dont j'ai tenté de donner une image vive & fidèle. Comme à Milton plus tard, l'accueil des favants n'avait pas manqué à Erafme pendant ces deux années de réfidence en Italie, à Venife furtout auprès d'un Afulanus, d'un Alde Manuce, d'un Jean Lafcaris, ambaffadeur de Louis XII ; plus tard à Padoue, auprès d'un Mufurus. Ce fut là qu'Erafme réédita les *Adages*, publia l'*Hécube* & l'*Iphigénie*, recenfa le texte de Plaute & produifit une édition de Térence. A Rome il connut Jean de Médicis qui fut, fous le nom de Léon X, le Périclès de la papauté. Erafme eût pu, eût dû même ne pas quitter Rome. Qu'allait-il trouver en Angleterre ? toujours des mécomptes & des déceptions.

Montjoy avait écrit à fon ami : « Le roi d'Angleterre vous dira : « Soyez riche. » Et celui-ci s'attendait à naviguer fur le Pactole. Il devait refter toujours fur le rivage. En effet, il ne reçut guère du roi d'Angleterre que des hommages & des compliments ; en revanche, fa renommée augmentait & fon ardeur laborieufe ne s'affaibliffait pas[1]. Il accumulait des travaux fur faint Jérôme & fur le *Nouveau Teftament*; il traduifait un grand nombre de traités de philofophie & des dialogues de Lucien, entre autres l'*Icaro-Ménippe* de ce dernier ; publiait un ouvrage fur l'*Abondance oratoire*, une recenfion de Sénèque[2] : au bout de quelques années, difputées par le travail & les honneurs à l'ennui de la gêne continuelle & des perpétuelles inftances, Erafme fe décida à paffer fur le continent, fans

---

[1] « Si la gloire fe mefurait au labeur de l'homme, il ne devrait pas y avoir un labeur plus glorieux que celui d'Erafme. » (D. Nifard, *Etudes fur la Renaiffance, Erafme*, p. 51, 2ᵉ édition, M. Lévy, 1864.)

[2] Sur le goût d'Erafme, fur fes préférences littéraires, confulter comme fur bien d'autres points l'intéreffante thèfe latine de M. Defdevizes du Défert, actuellement profeffeur à la faculté des lettres de Caen. (*Erafmus roterodamus morum & litterarum vindex*. Paris, Durand, 1852.)

perdre de vue l'Angleterre ; car, durant les années fuivantes il ne négligea rien pour fe concilier Wolfey, le plus puiffant archevêque d'York[1].

En 1514, Erafme fe dirigea vers Bâle où, dans l'intérêt de fes écrits, l'appelait le grand imprimeur Jean Froben. Ce féjour lui devait être précieux : car il en fit fon domicile d'adoption : à peine peut-on noter quelques années d'interruption. Il s'y rattacha, comme en Suiffe, des clients nombreux & quelques-uns illuftres qui tous ne lui devaient pas refter fidèles, Zwingli, le prochain prédicateur de la Réformation; Œcolampade, deftiné aux mêmes entreprifes ; Ulric de Hutten, le paladin de la polémique, & qui, dès lors, proclamait Erafme le Socrate de l'Allemagne. A Bâle, Erafme « régnait » felon l'expreffion du doyen Colet, fon ami d'Angleterre. A ce moment Léon X venait de monter fur le trône pontifical. Erafme écrivit au pape pour lui annoncer fa publication du *Saint-Jérôme*. En même temps, il avait la généreufe penfée de recommander à deux cardinaux le docte Reuchlin, alors perfécuté par la haine des moines[2]. Ce Reuchlin, auquel Audin lui-même rend juftice dans fes études fur la Réforme (*Vie de Luther*, 1839, t. Ier, p. 145), avait foulevé l'aveugle courroux du prieur des dominicains, Hogftraten, & de tous les dominicains & théologaftres à fa fuite, pour avoir défendu contre la rage inquifitoriale les livres juifs, tels que le *Talmud*, la *Kabbale*, menacés par la manie de brûler. Reuchlin dut en grande partie à Erafme

---

[1] Shakefpeare a mis en fcène cet orgueilleux prélat dans fon drame de Henri VIII.

[2] Rechercher le détail de ces polémiques dans la remarquable thèfe de M. Jules Zeller, fur *Ulrich de Hutten*. (Rennes, 1849.)

l'arrêt de furfeoir, *mandatum* de *fuperfedendo*, par lequel la cour romaine mit fin à cette querelle.

Malgré l'infiftance de Léon X, malgré fon propre défir, Erafme ne reverra pas l'Italie; mais l'étonnante activité de ce corps fi débile lui fera reprendre encore deux fois la route de l'Angleterre. C'était avec délices qu'il revoyait Montjoy, Morus, Colet, Ammonio, les prélats de Cantorbéry & de Rochefter, &, qu'avec une force d'illufion fans ceffe renaiffante, il cherchait de généreux patrons auprès de Wolfey & d'Henri VIII. Il entretint avec ce prince une correfpondance fuivie. L'apologie catholique, tentée par le roi théologien, fut l'objet de fes plus ardents éloges. Que de furprifes défolantes lui ménageait Henri VIII, fi la vie d'Erafme s'était encore prolongée. Déjà même il put affifter à la difgrâce de Wolfey, il eut la douleur d'apprendre le fupplice de l'évêque de Rochefter, puis de Thomas Morus, & put s'écrier : « Il me femble que ma vie s'eft éteinte avec Morus, tant nous étions une feule âme en deux corps. » Pourquoi reçut-il, peu de temps après, une fomme de la part du roi d'Angleterre? Cette vénalité des grands lettrés, fi fréquente au xvie & au xviie fiècle, ne s'explique, hélas ! que par un dénûment & une mifère dont aucun écrivain diftingué de nos jours n'a connu l'équivalent, le dénûment de Marlowe, la mifère de Corneille. C'eft une mauvaife confeillère que la faim & ce n'eft pas à nous, fils d'un fiècle de médiocrité dorée & d'aifance facile, qu'il appartient d'eftimer trop rigoureufement des tentations qui nous font inconnues. Quand on furprend un Erafme néceffiteux & famélique, on ne relève pas un témoignage contre fa mémoire, on acquiert un trifte document contre Henri VIII, François Ier & Charles-Quint.

Il femble que les fouverains euffent dû fe difputer un tel homme. Henri VIII ne fongea qu'un moment à le retenir, plus tard il ne l'invita formellement que pour s'en faire un complice dans fa polémique de divorce. Les papes ne gratifièrent Erafme que d'une protection bénévole, utile à fa fécurité, infructueufe pour fes moyens d'exiftence. Le feul Paul III était à la veille de le faire cardinal, quand Erafme mourut. La place d'Erafme eût été à Rome dont le climat lui convenait merveilleufement. Qu'eût-il fait en France, dans un pays où la Renaiffance n'était pas fortie de la période d'élaboration ? Erafme y était appelé par François Ier pour diriger le collége royal & la « trilingue Académie », comme parle Marot. Mais qui lui pouvait garantir la conftance de cette protection royale ? François Ier n'abandonna-t-il pas fucceffivement Berquin, Marot, des Périers ?

Erafme n'eut guère, dans notre pays, de relations qu'avec les deux érudits qu'il honorait de fes correfpondances, Lefèvre d'Étaples & Budé. Lefèvre était un grand hébraïfant, très-ami de « la Marguerite des Marguerites », & qui fut fouvent inquiété par la Sorbonne ; Budé, l'auteur du fameux opufcule de *tranfitu Hellenifmi ad chriftianifmum*, le premier hellénifte de fon fiècle[1] témoigna beaucoup de fympathie à notre Erafme : il n'en échangea pas moins avec lui quelques lettres empreintes d'aigreur & d'amertume. La race des favants était fort irritable au xvie fiècle. Erafme, tout le premier, fouffrait d'une fufceptibilité plus que fémi-

---

[1] Poëte latin établi en Angleterre.

nine, figne caractériftique de certains lettrés, de certains poëtes dont la vie eft trop exclufivement intellectuelle. Malheur à ceux pour qui le drame de l'exiftence s'agite uniquement dans le cerveau ! Ils font en butte à toutes les fuggeftions de la vanité, toujours en proie à des paffions mefquines & factices, faute d'avoir établi en eux l'équilibre & l'harmonie par une jufte alternance entre l'énergie phyfique & l'activité fpirituelle. Nous fommes efprit & corps : il faut donner la moitié de fa vie à chaque moitié de notre être. C'eft à ce prix feulement qu'on eft un homme ; autrement, incomplet & mutilé, l'on demeure à jamais le ferf hébété de la matière envahiffante ou le jouet fébrile de l'efprit furexcité.

De toute façon, le féjour de Paris n'eût pas été favorable à Erafme : car l'intolérance religieufe & le pédantifme fcolaftique y féviffaient avec trop de véhémence[1]. Dans ce chœur de fanatiques, Erafme eût été droit à un homme d'un efprit libéral, d'une âme haute, en même temps que d'un favoir étendu, Louis de Berquin, traducteur de fes opufcules. Ce Louis de Berquin devait périr le 17 avril 1529, comme fufpect de luthéranifme, condamné, fupplicié, le jour même, par la fentence du Parlement implacable. Voici, du refte, les belles paroles que la mort de Berquin fuggérait à Erafme : « Si Louis de Berquin eft mort avec une bonne confcience, comme je l'efpère fermement, qu'y-a-t-il de plus heureux que lui ? être condamné, mis en pièces, pendu, brûlé, décapité, eft chofe commune aux hommes pieux

---

[1] « Science n'a haineux que l'ignorant » (*Epitre XLII, au Roy*) difait avec raifon Clément Marot, après avoir qualifié la Sorbonne d'ignorante.

& aux impies. Condamner, décapiter, mettre en croix, eſt choſe commune aux juges honnêtes, aux pirates & aux tyrans. Les jugements ſont divers. Celui-là ſeul eſt heureux qui eſt abſous au jugement de Dieu[1]. »

Eraſme n'avait pas à craindre les bûchers, mais de tels ſpectacles lui euſſent rendu la France haïſſable. D'ailleurs il n'aurait, pas plus en France qu'ailleurs, pu ſe dérober à la haine des théologiens & des moines, contre laquelle la bienveillance éclairée des ſouverains pontifes fut ſeule capable de le protéger. C'eſt que cet érudit, ce ſavant, cet artiſte de ſtyle, avait été obligé de prendre parti dans les querelles de ſon temps. En face de la cour de Rome & de l'Egliſe dominante, il avait aſſumé de bonne heure le rôle de l'oppoſition dynaſtique, modérée, mais prodigue d'avis & impatiente de réformes. Ses *Colloques* renferment à cet égard, avec *l'Éloge de la Folie* & ſes ouvrages de polémique, la plus complète expreſſion de ſes idées. Il ſied de remarquer que, parmi ces productions marquées d'actualité, ce même Eraſme publiait les *Apophtegmes*, des traités comme *le Mariage chrétien*, *la Veuve chrétienne*, *l'Abondance*, & donnait des éditions de textes conſidérables, un *Saint-Irénée*, après le *Saint-Jérome*, un *Saint-Ambroiſe*, deux volumes de ſaint Auguſtin, le *Babylas* de ſaint Jean-Chryſoſtôme, un opuſcule de Lactance, un *Saint-Baſile*, un *Démoſthène*. Dans les dernières années de ſa vie, il faiſait paraître un *Commentaire ſur le Symbole*, une *Préparation à la Mort*. Son

---

[1] Le Parlement ordonna l'exécution en Grève le jour même « en grande diligence, afin que Berquin ne fût ſecouru ni du roi ni de madame la régente, qui étaient alors à Blois ». Il mourut avec la ſérénité d'un martyr. (Henri Martin, t. VIII, p. 161.)

Prédicateur, un petit livre fur *la Pureté de l'Églife* devancèrent de quelques années à peine la fin de fa vie; il mourut en travaillant, fur le champ de bataille de l'étude.

Ces travaux de fatirique, de moralifte, de philologue, de commentateur des écrits profanes ou facrés, euffent fuffi à remplir la vie d'un autre homme. Efprit merveilleufement actif, Erafme voulut donner fa penfée fur les affaires de fon temps; il ne fut ni indifférent, ni fceptique, comme on l'a dit plus d'une fois fans raifon; conftamment impartial, il refta fans doute fidèle à l'intégrité du dogme romain, mais il fut en même temps l'infatigable adverfaire des abus introduits dans les ordres, dans la difcipline, dans les pratiques religieufes. Réformateur catholique, il n'en devint que plus odieux peut-être à ceux qui vivaient d'abus & de fuperftitions; il fe concilia les grands papes du xvie fiècle, & non-feulement les plus éclairés parmi les cardinaux, depuis Campégio jufqu'à Sadolet, mais des défenfeurs de l'Églife tels que Jean d'Eck, Emfer & Cochlée, & des évêques en fi grand nombre que leur énumération remplirait une page entière. Par contre, malgré tant d'illuftres appuis, Erafme eut à combattre toute fa vie l'engeance des cuiftres, des théologaftres & des moines plus ou moins réguliers. Le collége de Montaigu, cette geôle de fordide mémoire, lui fufcita un perfécuteur impitoyable dans la perfonne de fon principal Bedda, l'un des fycophantes de Berquin. Ce Bedda n'alla-t-il pas jufqu'à écrire contre Erafme : « Si l'on m'en croit, ce n'eft plus que par le feu qu'il faudrait agir contre ces fortes de gens. » Moins tenace que ce pédant, mais non moins déterminée au befoin, la Sorbonne avait bel & bien condamné les propofitions d'Erafme dénoncées par Bedda. Cette même Sorbonne interdit aux écoliers la lecture des *Colloques*[1] & plus tard cenfura le *Cicéronien* d'Erafme, d'après le réquifitoire de Scaliger. Le *Cicéronien* avait mis en fureur tous les imitateurs ferviles du Maître, race de plagiaires qui pullulait alors[2]. Mais ces animofités furent peu de chofe auprès de l'acharnement des théologiens dont Erafme avait fignalé l'équivoque & ténébreufe fcolaftique étrangère à la vraie tradition chrétienne, des moines dont il avait dénoncé la craffe ignorance & la révoltante pareffe. Que d'emportements déchaînés contre lui! Partout où Erafme tranfporta fa vie errante, un libellifte en froc, un fycophante en capuchon, fe dreffent pour le mordre au talon. Pas de repos, pas de trêve. Ici c'eft un théologien qui croaffe, là c'eft un moine qui aboie.

En Brabant, un anglais du nom d'Edouard Lee, pâle & maigre, confumé, pour ainfi dire, par une érudition échauffante, fans féve & fans fuc, pour quelques diffidences fur le texte du Nouveau Teftament, fe mit à déchirer le bon Erafme à la façon des Ménades. Lee fut févèrement puni par l'indignation de l'Allemagne & de la Flandre. En Angleterre pourtant, il trouva quelques adhérents : un certain frère Standicius, plus tard évêque, prêcha publiquement contre Erafme à Londres, dans le

---

[1] Clément Marot a traduit deux de ces colloques : 1° « *Abbatis & eruditæ*,» colloque de l'*Abbé & la Femme favante*. — 2° *Virgo* μισογάμος, colloque de la *Vierge méprifant mariage*.

[2] *Dialogus ciceronianus*. Cette lutte d'Erafme contre les Cicéroniens a fufcité des pages piquantes dans le remarquable travail de M. D. Nifard fur le philofophe batave (p. 143 & fuiv., 2ᵉ édition). — La queftion a été traitée à fond dans la thèfe latine de M. Charles Lenient, notre maître.

cimetière même de Saint-Paul. Un ancien ami d'Erafme fe tourna contre lui, c'était Jacques Latomus, théologien de Louvain. Deux dominicains, par les mêmes violences, faillirent exciter une émeute à Louvain. Un frère mineur, qui avouait ne rien comprendre au latin d'Erafme, ofa bien, à Anvers & à Bruges, l'affimiler à Luther, & le traiter de bête, de bûche, d'âne & de grue [1]. Plus violents encore éclatèrent le carme Nicolas d'Egmond, puis deux autres dominicains, Frifon & Vincent de Harlem, prodigues de calomnies, copieux en invectives & en fottifes.

Pendant la diète de Worms, le nonce Aléandro conçut, lui auffi, de mauvais deffeins contre Erafme ; mais il y avait encore des efprits modérés & clairvoyants dans l'Églife. Erafme trouva, pour le défendre, l'évêque de Tuda, Marlianus. En 1521, Léon X lui-même coupa court à la publication de pamphlets contre Erafme ; à la diète d'Augsbourg, l'évêque de Conftance & l'évêque de Vienne agirent de même. Mais, dans l'intervalle, la vie d'Erafme n'avait été qu'un long affaut. Quatre dominicains fe coalifaient pour faire un pamphlet contre lui : un chartreux du nom de Sutor leur venait à refcouffe en plein Paris, donnant le fignal à Bedda. Car, fous prétexte de défendre la religion, écrivait Erafme, « ces hommes obéiffent à leur haine contre les bonnes lettres ». Ce fut ainfi que les moines efpagnols allèrent jufqu'à la fédition pour obtenir des inquifiteurs un arrêt contre l'un des livres d'Erafme. Il fe trouva, même en Savoie, un énergumène pour rejoindre Érafme de fes agiles calom-

[1] Ce frère mineur s'appelait Menardus. Il qualifia Erafme en propres termes de *docteur âne*. Voir pour ces détails la thèfe de M. Defdevizes, déjà citée (p. 53 & fuiv.).

nies. N'infiftons pas ; car cette énumération deviendrait monotone ; mais auffi ne nous étonnons point de cet acharnement contre Erafme, il avait trop bien connu les moines & les théologiens, il les a trop bien dépeints dans les *Colloques* & dans l'*Éloge de la Folie* pour que ceux-ci puffent l'épargner. Il mettait en fcène leur mendicité quémandeufe, leur indolente quiétude. Les priviléges menacés ne pardonnent pas.

Ce même Erafme, qui ne ceffa d'être harcelé par tous ces moines & théologiens, extrême droite du Catholicifme, fut également en butte aux attaques des réformateurs après avoir été l'objet de leurs avances & de leurs flatteries. Ceux-ci furent injuftes, comme on l'eft forcément à toutes les époques de lutte ; mais l'injuftice ne mérite jamais d'être approuvée. Erafme put les froiffer en leur refufant fon concours ; mais ils n'euffent jamais dû méconnaître cette intervention d'apaifement & de tolérance qu'Erafme opéra prefque toujours en leur faveur. S'il n'avait tenu qu'au polémifte de Bâle, ni bûchers, ni gibets fe fuffent dreffés contre les diffidents ; à part Mélanchton & Zwingli, les nouveaux-venus n'étaient pas capables de cet appel anticipé à la liberté religieufe. Bien fupérieurs à leurs adverfaires par l'énergie & la profondeur de leurs convictions chrétiennes, par le goût d'émancipation qu'ils développèrent, à leur infu, dans les efprits des hommes, Luther & Calvin ne furent, en pratique, ni plus libéraux, ni plus tolérants que leurs perfécuteurs ; l'ignorance feule leur attribue cet avantage que le meurtrier de Servet & le dénonciateur des Sacramentaires euffent repouffé avec horreur. C'eft Théodore de Bèze qui déclarait que « le principe de la liberté de confcience était un dogme diabolique ». « Je voudrais envoyer au fupplice l'évêque de Mayence, » s'écriait Luther. (*Propos de table*, trad. Brunet, p. 340.) Erafme ne voulait ni emprifonner, ni tuer perfonne. C'eft par là qu'il vaut mieux que fes contemporains.

Il fit tout pour retarder les luttes violentes, pour maintenir la paix dans les âmes. Dès le début, nous le voyons, en 1519, agréer une lettre affectueufe de Luther encore inconfcient de fa deftinée, mais déjà réfolûment armé contre les criants abus & les excès révoltants; Erafme y répondit avec fympathie, car il ne s'agiffait encore que de réformes & non de la grande & complète réformation. Il dit en propres termes à Luther : « Votre lettre refpire une âme chrétienne !...», & termine ainfi : « Que le Seigneur Jéfus vous communique fon « efprit plus abondamment de jour en jour & pour « fa gloire, & pour l'utilité publique. » Dans cette réponfe il s'élève contre la rage calomnieufe des théologiens, rend juftice aux évêques qui lui font favorables, & confeille à Luther la modération : « Il me femble qu'on avance plus par une douce « modération que par l'importunité... C'eft ainfi « que le Chrift amena le monde fous fon autorité. « C'eft ainfi que faint Paul fupprima la loi judaïque « en rapportant tout à des figures. Mieux vaut « réclamer contre les abus qui naiffent de la puif- « fance papale que contre les papes eux-mêmes. » Tout Erafme eft là; toute la vérité auffi, fauf deux réferves que nous appuierons fur l'expérience de l'hiftoire. D'abord la modération doit s'affocier la fermeté; l'on ramène fes adverfaires par l'ufage de la douceur & l'emploi des tranfactions; l'on ne fait que les enorgueillir & les endurcir dans leur entêtement par l'idée fixe de leur complaire & de leur facrifier fes amis. D'autre part, il faut bien reconnaître l'aveuglement de ceux qui de tout temps ne favent faire aucune conceffion opportune, & ne font défarmés par aucune fupplication, race éternelle des opiniâtres qui perdent la papauté pour n'avoir pas à temps éliminé les indulgences ou la royauté, pour n'avoir point à l'heure marquée prévenu par d'indifpenfables réformes l'hypothèfe même d'une révolution.

Il faut donc aux chefs de parti quelque chofe de plus que la modération fyftématique d'Erafme; mais cette modération, cet efprit de tranfaction n'en eft pas moins ce qui fait le plus d'honneur à l'efprit d'Erafme, ce qui lui permet d'anticiper fur fon temps & de dépaffer fes contradicteurs. C'eft par là qu'Erafme eft bien plus près de nous que Charles-Quint ou François Ier, qu'Henri VIII ou Luther. Selon une expreffion récente & déjà hiftorique, « il faut fe battre ou négocier ». Erafme eut le ferme propos de négocier au moment où tout arrangement n'était pas impoffible : quels que foient les fervices rendus par la révolution proteftante, l'intenfité de vie chrétienne qu'elle ait ranimée, l'héroïfme qu'elle fut capable de fufciter, les heureux réfultats qu'elle ait provoqués dans les pays qui virent fon triomphe, pourrait-on affirmer qu'une tranfaction n'eût pas épargné au genre humain bien des maux & des défaftres retardataires du progrès de la civilifation : le retour des perfécutions, le déchaînement du fanatifme dans les deux camps, la guerre civile en permanence dans les plus grands États, la deftruction intermittente des monuments de la fcience & de l'art, l'arrêt de la penfée qui grandiffait alors en Italie, l'étouffement de la philofophie naiffante entre deux réactions dogmatiques? Malgré nos préférences perfonnelles pour la Réforme, fes hommes & fes œuvres, nous croirions volontiers, avec des efprits d'ailleurs très-émancipés, tels que M. Littré & M. André Lefèvre, qu'au début une conciliation obtenue & opérée par un tiers-parti eût été plus favorable aux intérêts de l'humanité. Et ce tiers-parti dont Erafme eft le repréfentant à cette époque exiftait, même dans les rangs de l'Églife romaine [1]. Tous ces prélats qui protégeaient Erafme contre les théologiens & les moines, euffent aifément « négocié ». Quelques années & il était trop tard.

Erafme ne fe démentit pas. Dans les commencements il n'épargna rien pour couvrir Luther & fes amis à qui fa fympathie fe donnait alors fans réferve; car il comprenait bien, lui chrétien fervent, que ces hommes étaient brûlants du zèle du Chrift & comme affamés d'Évangile & de tradition apoftolique, & d'autre part qu'ils s'étaient levés, comme Daniel dans la falle du feftin, contre une orgie d'excès & d'abus à laquelle, dans fon propre intérêt, la cour de Rome devait impofer filence? Tout en modérant la fougue de Luther, Erafme ne put fonger à l'abandonner en face des prédicateurs d'indulgences qui vendaient à prix d'argent la rémiffion du parricide & de l'incefte. Auffi écrivait-il au cardinal de Mayence : « C'eft « agir en chrétien que d'être favorable à Luther « s'il eft innocent; s'il eft dans l'erreur, il faut le

---

[1] « Erafme garda autour de lui & jufqu'au dernier jour tout ce « qu'il y avait d'hommes fenfés, tolérants, défintéreffés, entre les « catholiques immobiles & les réformateurs déclarés. » (D. Nifard, *loc. cit.*, p. 108.)

« guérir & non le perdre. » Il glorifiait dans Luther « un cœur qui semble contenir des étin-
« celles très-brillantes de la doctrine évangélique. » Il réclamait avec force contre la conduite des éternels provocateurs de révolution. « Au lieu de
« l'avertir & de l'inftruire, des théologiens, qui ne
« l'ont ni compris ni lu, le dénoncent au peuple
« avec des clameurs infenfées & le déchirent par
« les plus violentes attaques, n'ayant à la bouche
« que les mots d'héréfie, d'hérétiques, d'héréfiar-
« ques, de fchifme & d'antechrift. On condamne
« comme hérétique dans Luther ce qu'on trouve
« orthodoxe & même pieux dans faint Bernard
« & faint Auguftin. »

En cette même épître au cardinal de Mayence, Érafme s'élevait contre les abus qui avaient exaf-péré Luther : « Ce font fans doute tous ces excès
« qui ont touché l'âme de Luther & lui ont donné
« le courage de s'oppofer à l'infupportable effron-
« terie de certains hommes. Peut-on foupçonner un
« autre motif chez celui qui n'ambitionne pas les
« honneurs & ne convoite pas l'argent. S'il a man-
« qué de mefure dans fes écrits, il ne faut en accufer
« qu'un état de chofes où tout refpire le lucre, la
« flatterie, l'ambition, le menfonge, l'impofture...

« Parmi ceux qui excitent le Pape contre Luther,
« il en eft qui n'ont en vue que le gain, la gloire,
« la vengeance; qui voient avec chagrin les bonnes
« lettres refleurir, & qui veulent les étouffer en
« confondant Erafme & Luther. Tout ce qu'ils ne
« comprennent pas, eft à leurs yeux héréfie : favoir
« le grec, héréfie ! parler avec élégance, héréfie ! »

Plus tard, accufé d'avoir trop encouragé Luther, il difait hardiment & fincèrement : « J'ai favorifé
« en lui le bien & non le mal, ou plutôt j'ai

« favorifé en lui la gloire du Chrift. » Il ajoutait
avec clairvoyance & fermeté que les perfécutions
ne feraient rien contre Luther; qu'elles lui attire-
raient au contraire les fympathies des âmes rebelles
au déploiement de la force : « Les efprits libres
« & généreux aiment à être enfeignés, mais ne
« veulent pas être contraints. »

A peu de diftance, il écrivait à un de ces prélats
qui euffent été dignes de pratiquer la politique
d'apaifement, hommes de la Renaiffance dont la
race difparut dans les guerres fratricides & les
recrudefcences de fanatifme : « Ce ferait être
« impie que de ne pas fe montrer favorable à la
« dignité du pontife romain; mais plaife à Dieu
« qu'il fache combien lui nuifent certaines gens
« qui s'imaginent le défendre admirablement !..
« Croyez-moi, rien n'a plus recommandé Luther à
« l'affection du peuple que les clameurs infenfées
« de ces hommes devant la foule... Les cris & la
« terreur peuvent comprimer le mal pour un temps,
« mais bientôt il éclatera plus terrible encore. »

Erafme voulait refter catholique; mais il comprenait & faifait comprendre que les vrais auteurs
du fuccès de Luther étaient les confervateurs
aveugles ou intéreffés des abus, entraînant avec
eux dans l'abîme des cardinaux d'efprit modéré non
moins qu'un pontife, le plus expanfif & le plus
largement humain des princes de fon époque. Ils
arrachèrent à Léon X cette bulle qui étonnait
Erafme & qui exafpéra Luther. L'arrêt de la
diète de Worms trouva encore Erafme difpofé à
la conciliation & à la patience. « L'Églife penche
des deux côtés », difait-il. Il reftait au milieu,
comme le Caton dont parle Sénèque, foutenant
prefque feul la caufe éternelle de la tolérance & de

l'humanité. Ne difait-il pas encore, très-fpirituellement & beaucoup plus près de la vérité qu'il ne le penfait lui-même : « Beaucoup fe répandent en « injures contre Luther qui ne croient pas à l'immortalité de l'âme. »

Cette conduite fi digne & fi libérale, qui fouleva contre Erafme le déchaînement de tous les théologiens de profeffion, ne lui concilia pas les réformateurs. Quand ceux-ci furent convaincus de ne pas l'avoir enrôlé dans leur camp, ils l'accablèrent d'invectives après lui avoir prodigué les prévenances adulatrices. Luther qui s'était écrié : « Quel « eft le coin de terre où n'a retenti le nom « d'Erafme? Qui ne reconnaît Erafme pour fon « maître? » (lettre du 28 mars 1518), en vint à dire : « Erafme de Rotterdam eft le plus grand « fcélérat qui foit jamais venu fur la terre » & à lui faire, par la même occafion, un reproche fanglant d'un préfent de 200 ducats de Hongrie, qu'en 1525 il avait envoyé à la femme de Luther pour fecourir le jeune & pauvre ménage. Luther en dit bien d'autres. Ses adeptes, d'ailleurs, choifirent pour attaquer Erafme avec la dernière violence le moment où celui-ci écrivait au pape Adrien VI, fucceffeur de Léon X, pour le diffuader des perfécutions : « Le mal s'eft trop propagé pour être « guéri par le fer ou le feu... des conceffions « mutuelles font néceffaires, la foi demeurant « intacte. Il faudrait, en outre, donner au monde « l'efpoir de voir changer certaines chofes qui pro- « voquent des plaintes légitimes... au doux nom « de la liberté les cœurs refpireront. »

Hutten, avant de mourir, donna le fignal des attaques contre Erafme. Son pamphlet, publié à Strasbourg (juillet 1522), *Expoftulatio ab Ulrico* cum *Erafmo Roterodamo*, n'était rien encore auprès des libelles odieux qui devaient fe multiplier à l'adreffe d'un homme ambitieux d'impartialité. Cette impartialité irrita Luther avant de l'exafpérer. Seul Mélanchton, parmi ces réformateurs, devait comprendre & refpecter la nature de fon illuftre correfpondant ; mais auffi Mélanchton était-il, malgré la fincérité de fon zèle, un efprit tout enclin à la modération & à la douceur, douceur & modération dont Boffuet lui-même a plus d'une fois rendu témoignage dans fon HISTOIRE DES VARIATIONS. Auffi Mélanchton écrivait-il à Erafme : « Ceux dont nous admirons le génie & les « travaux ne peuvent que nous être très-chers. Les « dons fupérieurs de voftre efprit me raviffent, « & ils me raviraient, quand même je réfifterais à « mon entraînement. Ne croyez donc pas qu'un « amour exceffif pour qui que ce foit me porte « jamais à devenir votre ennemi. »[1].

Zwingli traita Erafme avec dédain, Capiton avec malveillance ; Œcolampade, chef de la Réformation à Bâle, homme fort inftruit, ancien ami d'Erafme, lui refta fidèle. Luther ne ceffa de « foudroyer » contre lui, comme eût dit Boffuet (*Hiftoire des Variations*, à propos de Guftave-Adolphe), quand il l'eut rencontré comme antagonifte. Déformais cet Erafme que l'on avait careffé fi tendrement, n'eft plus qu'un ferpent & une vipère, un païen, un Momus, l'ennemi le plus décidé qu'ait eu Jéfus-Chrift, l'image fidèle & complète d'Epicure & de Lucien, un grand bouffon & un miférable. (*Propos de table.*) L'occafion qui provoqua cette

---

[1] Mélanchton difait de lui-même : « Je fuis comme Daniel parmi les lions. »

tempête d'invectives fut la publication du *Libre Arbitre* d'Erafme répondant au *Serf Arbitre* de Luther. Qu'ils fuffent ou non dans la tradition de faint Paul & de faint Auguftin, les réformateurs, en fupprimant le libre arbitre de l'homme qu'ils foumettaient à une forte de fanatifme, étaient fur ce point plus exclufifs, plus rétrogrades, plus hoftiles à la liberté humaine que leurs plus fanatiques adverfaires. Ce libre arbitre, qu'attaquent avec tant d'acharnement les écoles matérialiftes du xixe fiècle, eft la pierre angulaire de l'indépendance; la doctrine oppofée confacre toutes les tyrannies, en ce monde auffi bien que dans le monde invifible. En effet, à quoi bon changer l'ordre des chofes, s'il eft inévitable & providentiellement décrété? L'homme n'a plus qu'à s'abandonner à la paffivité orientale : heureufement, par une de ces glorieufes inconféquences dont l'hiftoire abonde, les Proteftants, comme les Grecs l'avaient fait jadis, ont réagi dans l'action contre une doctrine dout les Mufulmans ont été toujours les adeptes & définitivement les victimes. Erafme ne fe déclara pas moins dans cette circonftance l'interprète de la philofophie & le défenfeur de la liberté.

Ces luttes théologiques, qui devinrent des guerres civiles, firent beaucoup fouffrir Erafme. Le ravage des monuments, les excès mutuels & les repréfailles alternatives, le délaiffement jeté fur les études & les lettres, tous ces maux lui apparaiffaient inévitables dans une de ces finiftres faifons où le bruit des clairons étouffe la voix des Mufes. Ce fut au milieu de ces angoiffes qu'en 1536 il mourut à Bâle. Il fuccombait à une maladie articulaire. Les affres du mal ne lui ravirent ni ſon enjouement ni ſa bonne grâce; il reſta juſqu'à ſa mort le privilégié du ſourire.

Telle fut la vie d'Eraſme : nous avons encore à caractériſer ſon œuvre en traits rapides.

Il y eut bien des hommes dans Eraſme, & la multiplicité de ſes dons atteſtée par la diverſité de ſes ouvrages a juſtifié l'admiration de ſes contemporains. Pédagogue, humaniſte, exégète, polémiſte, théologien, philoſophe, réformateur, au beſoin, il cueillit tous les fruits, il remporta toutes les palmes. Maître & novateur en pédagogie, comme devaient le faire après lui Rabelais & Montaigne, il proteſta contre le mode d'éducation alors uſité dans les collèges qu'on eût pu, ſans exagération, comparer à des officines de tourments. Il vit les pédants faire métier de bourreaux, les corrections corporelles, un des dogmes de cette époque, tranſformées en ſupplices arbitraires. Aux plus légères fautes, les plus rigoureux châtiments : tel était le vice de ce ſyſtème que la Révolution ſeule devait abolir dans nos collèges, & qui n'a pas diſparu dans les écoles des autres nations. Qu'en réſultait-il le plus ſouvent ? Des abaiſſements ou des révoltes également funeſtes. « Eſt-ce par ces préludes, s'écriait-il avec raiſon, que l'on commence l'étude des arts libéraux ? Initiation plus digne d'un marchand d'eſclaves & d'un corſaire que d'un enfant deſtiné au culte ſacré des Muſes & des Grâces. » Contre cette race de fouetteurs acharnés, l'auteur du traité *De Pueris inſtituendis* jeta le cri d'alarme. Si les principaux intéreſſés, les pères & les mères, ne l'entendirent pas alors, ce ne fut point la faute d'Eraſme. Trois ſiècles furent néceſſaires pour faire entendre que des punitions, tout au plus applicables à des enfants en bas âge

& mitigées par la bénignité des parents, devenaient forcément dégradantes & cruelles quand elles étaient laiſſées à la diſcrétion des étrangers. Quant aux méthodes d'enſeignement, auſſi arbitraires que compliquées, même torture pour les jeunes eſprits. Dans cet enſeignement, encore pénétré de la barbarie gothique, rien n'était ſubſtantiel & vivant, tout ſemblait mort et deſſéché. Le mauvais latin du moyen âge prévalut au détriment des grands auteurs qui ont donné à la langue de Rome la préciſion parfaite & la ſuperbe ſonorité. Et d'ailleurs, les écoles elles-mêmes, preſque excluſivement confiées à des moines, étaient-elles bien organiſées ? Eraſme n'y voit que ténèbres & phariſaïſme ; pour bien inſtruire & moraliſer la jeuneſſe, il rêve déjà ce qui, malgré des imperfections trop nombreuſes, ſubſiſte au contentement de tous les bons eſprits, l'école publique, l'école de l'État. Là, du moins, on n'introduira pas dans les âmes « la baſſeſſe, la ſervilité, l'arrogance, la fauſſeté, les détours ». Ne croirait-on pas entendre un de nos contemporains, & n'eſt-ce point l'autorité d'un grave témoin dans le débat que ſoulèvent deux méthodes contraires & deux enſeignements rivaux ? Il ferait cependant injuſte de méconnaître que les premiers progrès en fait de pédagogie, inſtruction & éducation, ſont venus d'une ſociété monaſtique, la congrégation de l'Oratoire, plus libérale en ſon temps que l'Univerſité ou que l'ordre des Jéſuites[1]. A l'éducation congréganiſte de ſon époque, Eraſme oppoſe un plan tout nouveau qui contient des parties vraiment modernes. Il voudrait ainſi commencer l'édu-

---

[1] Voir le remarquable livre de M. H. Lantoine, ſur l'enſeignement ſecondaire en France au XVIIe ſiècle.

cation par ce que nos contemporains appellent des « leçons de chofes », en mettant fous les yeux des tendres enfants des repréfentations fenfibles de ce qu'on leur enfeigne. Langues, fables, géographie, voilà pour lui les études initiales. Il rejette plus loin la grammaire, avec quelle intelligence des aptitudes & des répugnances de l'enfant! S'il fut moins heureux dans fes tentatives pour réformer la prononciation des langues anciennes[1], dans fon traité fur la manière d'étudier où fe font gliffées des erreurs, partout il a répandu des vues neuves & juftes. C'eft ainfi qu'il avait bien raifon de vouloir reftreindre à un petit nombre d'auteurs les explications dans les claffes. La variété des textes d'explication, foit dans les exercices oraux, foit fous forme de verfions, me femble contraire à la faine intelligence du grec & du latin. Il nous a toujours paru, dans notre expérience profefforale, qu'un élève fortant du lycée avec une pleine connaiffance en grec d'Homère, de Sophocle, de deux difcours de Démofthène, de quelques dialogues de Platon; & en latin d'Horace, de Virgile, du *Conciones* & des principales harangues de Cicéron, ferait beaucoup mieux muni que l'écolier fatigué par toutes les explications & verfions difféminées & qui font paffer fous fes yeux, comme en un kaléidofcope, tous les ftyles & toutes les manières. A un enfeignement fupérieur ralliant l'élite des jeunes gens & contraignant les recrues des proferfions libérales à une préparation férieufe feraient réfervés Thucydide, Ariftophane, Lucrèce, Tacite. Viendraient à la fin, pour des efprits formés & aguer-

[1] Confulter à ce fujet un des appendices de l'*Hellénifme en France*, par M. Émile Egger. (Tome II, p. 450.)

h

ris, des excurſions dans tout l'hellénifme & dans toute la latinité. Erafme eut encore raifon de vouloir infufer la morale dans l'inſtruction ; nous croyons que de nos jours on ne donne pas affez de place aux exemples, aux préceptes, à la partie gnomique de l'enfeignement. C'eſt encore les *Selecta* & l'hiſtoire ancienne bien commentés qui ont formé le plus d'honnêtes gens & d'utiles citoyens. Les bons modèles préviennent les mauvais exemples. Ne pas féparer la culture morale de l'enfeignement proprement dit, fut toujours le fouci des maîtres dignes de ce nom. Mais ces maîtres n'exiſtaient pas au temps d'Erafme, & il a été glorieux pour notre pédagogue d'éveiller l'attention fur ce point & de fufciter cette vocation du bien qui fignalera les Rollin & les Lhomond.

Humaniſte, Erafme fut « le propagateur & le vulgarifateur de la Renaiſſance ». Tel eſt le titre d'un chapitre intéreſſant dans l'ouvrage de M. Durand de Laur. Il fut de ceux qui allèrent droit à la fcolaſtique & lui portèrent le coup mortel. Et, pour fon compte, reprenant le flambeau qu'avaient allumé les difciples italiens de Pétrarque & de Boccace & les Grecs fugitifs, il en éclaira toutes les nations de l'Europe. Il fut l'Argyropoulos, le Chalcondyle, le Politien du Nord. Le fuccès de fes écrits propagea, dans toute cette région centrale & feptentrionale de l'Europe, le goût, le zèle, l'émulation des Anciens. Ses *Adages* répandirent l'efprit antique; fes *Apophtegmes* difperfèrent en quelque forte, comme une femence féconde, l'âme de l'honnête & pure antiquité. Que d'opufcules dépofitaires de la douceur grecque & de la probité latine ! Mais, après ces opufcules, faluons une « œuvre », les *Colloques*, où font traitées bien des

queftions encore actuelles, encore vivantes, & pour
lefquelles nous pouvons conftater avec regret que
les folutions érafmiennes font encore loin d'être
adoptées. Déclamations & dialogues fe fuccédèrent
pour porter au loin le génie & la fortune de la
Renaiffance, comme ces navires d'ivoire auquels
Henri Eftienne comparait les antiques retrouvés.
Les nombreufes traductions publiées par Erafme
ne contribuèrent pas moins à cette propagande en
faveur des études grecques[1], c'eft-à-dire des études
humaines. Euripide, Lucain, Plutarque, furent
les favoris de fon activité laborieufe : le pathétique attendriffant les cœurs, l'ironie dégageant
les efprits, la morale qui raffermit les âmes, Erafme
ne pouvait choifir trois meilleurs exemplaires de
l'antiquité pour cette fociété qui eût été toute à
refaire fur un plan hellénique ou latin. Dans cette
diffufion des bonnes lettres, Erafme ne s'arrêta
pas. Quand il ne traduifait point ou qu'il ne com-
pofait plus, il pourfuivait des manufcrits, réta-
bliffait des textes, preffait le zèle des imprimeurs.
Et que d'éditions publiées par fes foins ! Il faudrait
un catalogue, là où nous ne pouvons que donner
des indications caractériftiques.

Exégète, Erafme multiplie les travaux utiles fur
les Écritures & les Pères. Les Écritures excitaient
la défiance des gardiens de l'orthodoxie. Au
moment où parut Erafme, elles étaient fingulière-
ment délaiffées. Ce n'était pas à leurs antiques
fources qu'allaient puifer les difputeurs de la fco-

---

[1] Toutes ces queftions relatives aux études grecques, comme
à l'influence des lettres grecques fur notre littérature, n'ont été
définitivement élucidées & traitées à fond que dans l'excellent
ouvrage de M. Émile Egger, l'*Hellénifme en France*, déjà cité
dans notre introduction.

laftique. « Quelle différence entre le langage des Apôtres, s'écriait Erafme, & celui des difciples de faint Thomas!» D'ailleurs, il n'était pas rare de voir, felon le témoignage d'Erafme, des jeunes bacheliers en théologie, rompus aux difficultés de la fcolaftique, & qui n'avaient pas encore lu les Épîtres de faint Paul ni même l'Évangile. Auffi, plus chrétien que ne l'avaient été les hommes du moyen âge, Erafme ne fe laffa pas de faire connaître, au moyen de paraphrafes, les textes de l'Ancien & du Nouveau Teftament. Pour ces paraphrafes adaptées aux Épîtres, aux Évangiles, aux Actes des Apôtres, il s'appuya fur les glofes des Pères de l'Église. Il appliqua la même méthode à un certain nombre de Pfaumes. Plus importants furent fes travaux fur les Pères. Sa vie, fi occupée par tant d'autres publications, fuffit à éditer faint Jérôme, faint Cyprien, faint Hilaire, faint Irénée, faint Ambroife, faint Auguftin, faint Chryfoftôme, & en partie Clément d'Alexandrie & faint Athanafe. Tous ces travaux non-feulement obtinrent une grande réputation, mais encore provoquèrent chez les catholiques un certain retour vers l'Écriture & les Pères. A la fuite du concile de Trente, la réforme intérieure, qui s'effectua, donna raifon à la tentative d'Erafme: Boffuet, Fénelon & Fleury, par leur connaiffance des Écritures, furent en quelque forte fes difciples.

Nous pourrions encore vous montrer Erafme devancier de Fénelon & de Boffuet, en réclamant une nouvelle méthode de prédication. Cet homme d'un bon fens affuré comprit encore, le premier, qu'il fallait dans la chaire facrée fubftituer la parole de l'Évangile à toutes les bizarreries pédantefques des fermonnaires qui parlaient de tout,

excepté du Chrift, comme leurs confrères les fcolaftiques. Mais nous avons hâte de rappeler quel
polémifte fut Erafme, héritier de Lucien, précurfeur de Pafcal. Son principal écrit en ce genre,
l'*Éloge de la Folie*, vous fera fentir, je le voudrais
au moins pour mon honneur d'interprète, ces
traits, ces pointes, ces aiguillons d'une des iro-
nies les plus perçantes qui fe foient jamais exercées
contre la fottife & l'ignorance. Mais énonçons fes
titres de fatirique. Le livre des *Anti-Barbares* eft
encore confacré à flageller la cuiftrerie fcolaftique
& l'ânerie monacale. Sous couleur de renaiffance,
vous l'avez vu, des pédants fe gliffent dans le parti
des humaniftes, dans le camp de l'érudition. Vite
Erafme de leur décocher fon opufcule du *Cicéronien* à l'adreffe des imitateurs outrés de Cicéron,
portant l'enthoufiafme & l'idolâtrie au point où
l'homme ceffe, où le finge commence. Mais
qu'étaient ces Cicéroniens houfpillés par Erafme,
fi grand tumulte qu'ils aient foulevé contre le
polémifte, à côté de tous ces bénéficiaires d'abus,
de tous ces moines qu'Erafme entreprit de démaf-
quer ? Erafme, en toute occafion & particulièrement en fon *Manuel du Soldat chrétien*, intente
au clergé de fon temps le reproche de faire con-
fifter la religion en pratiques & obfervances plus
que judaïques. C'eft là que, fans répéter l'invocation des faints, il allume fa verve contre les hommages idolâtriques dont on déifiait les faints, fous
prétexte de les honorer. Auffi que de murmures,
que de cris chez tous les pfeudo-chrétiens de
l'époque ! Combien de gens à qui la religion était
auffi indifférente qu'inconnue, mais pour lefquels
toucher aux fuperftitions femblait un attentat
irrémiffible ! Quel blafphème, quel crime ! On le

fit bien voir à Erafme. Ce livre néanmoins trouva des partifans réfolus dans la favante minorité qui eût réformé le catholicifme, fi la majorité confufe & bruyante eût laiffé fe produire ces fages améliorations. Dans cette polémique du *Manuel chrétien* & de l'*Éloge de la Folie*, Erafme fut à certains titres le précurfeur de Luther, mais uniquement comme l'avaient été faint Bernard, Gerfon, d'Ailly, Clémengis, grands dénonciateurs des fcandales de l'Églife. Il eût fait porter fes corrections de détail fur les abftinences, les jeûnes, le célibat des prêtres, les indulgences ; fes reftrictions fur l'infaillibilité du pape : mais, plutôt réformateur que révolutionnaire, il dut fe refufer à fuivre plus loin Martin Luther. Eut-il raifon ou tort de s'arrêter en chemin ? nous avons pofé le problème plus haut fans nous fentir vraiment compétent pour le réfoudre. Il ne s'agit pas moins que d'un changement de direction pour le genre humain : pour foutenir & mener à bout de telles hypothèfes, ce n'eft pas trop du favoir & de la force d'efprit d'un Renouvier.[1] Quoi qu'il en foit, Erafme voulut refter un novateur catholique. Voilà pour la forme : ce fut furtout un « philofophe chrétien », comme il le difait de lui-même. « *Erafme eft avant tout pour lui.* » Ce font les paroles d'Hutten dans les *Epiftolæ obfcurorum virorum*. Luther ne s'y eft pas trompé : dans le défenfeur du libre arbitre & l'apologifte des païens, dans celui qui s'écriait : « Saint Socrate ! priez pour nous », il a flairé le philofophe : fa haine a vu jufte[2]. Erafme tenait à l'unité catholique ; au fond il était plus près des déiftes du xviiie fiècle que de

---

[1] Voir l'*Uchronie*, le récent & favant ouvrage de ce philofophe.
[2] Dans fon livre des *Anti-Barbares*, Erafme difait encore : « Si certains païens ne font pas fauvés, perfonne ne l'eft. »

fes contemporains. Peut-être auffi ne s'en rendait-il pas bien compte; mais fon éloignement pour le luthéranifme tint furtout à l'averfion des nouveaux-venus pour la tolérance & la liberté religieufe qu'ils avaient revendiquées fi juftement. Goût de la liberté, inftinct de la tolérance, tel eft au contraire le double caractère auquel nous reconnaiffons les véritables fils de cette grande & glorieufe Renaiffance. Ils ont porté l'humanité dans leur cœur; ils en ont exprimé l'âme encore confufe dans leurs écrits & dans leurs œuvres de toutes fortes. Tous fe font rencontrés dans un défir manifefte d'établir fur un terrain neutre une univerfelle alliance des efprits éclairés, une vafte communion des intelligences, une république européenne des arts & des lettres. Cofmopolites par la penfée, ils ont pu dire, à la manière de Sénèque : « La patrie de mon « intelligence n'eft ni Ephèfe, ni Alexandrie, ni « une fecte, mais l'infinité de l'univers. » Perfonne n'a été plus loin qu'Erafme dans cette généreufe ambition d'étendre, de reculer le plus poffible les limites du favoir, de l'art, de la fympathie : voilà pourquoi Erafme & fes plus illuftres contemporains nous apparaiffent naturellement tolérants & humains. La vraie bonté, plus rare que le génie même, plus durable que toute autre gloire, fut le figne de cette famille d'efprits fublimes & doux. *In hoc figno vicerunt.*

Emmanuel DES ESSARTS.

PRÉFACE

Erasme de Rotterdam à Thomas Morus, son ami

SALUT

ES jours derniers je revenais d'Italie en Angleterre : pour ne pas consumer tout le temps où j'ai dû voyager à cheval dans des conversations étrangères aux lettres & aux Muses, j'ai mieux aimé avec moi-même quelquefois repasser dans mon esprit nos études communes ou jouir par la pensée des doctes & délicieux amis que j'ai laissés ici. Au premier rang, tu m'apparaissais, mon cher Morus : absents tous deux l'un pour l'autre je me plaisais à ton souvenir comme je m'étais complu dans nos habitudes de présence mutuelle & familière, la plus suave des douceurs que j'aie goûtée de ma vie.

Ainsi déterminé à faire quelque chose ; comme ce temps ne paraît pas approprié à de sérieuses méditations, j'ai jugé bon de me divertir à l'éloge de la Folie. Quelle est la Pallas qui t'a mis cela en tête ? me diras-tu. D'abord elle m'a rappelé que ton nom de famille (Morus) est aussi près du terme de Moria que tu en es loin en réalité. Nul même au jugement universel n'en est plus loin que toi. Je me disais ensuite que ce jeu d'esprit serait tout à fait de ton goût, vu que tu te délectes à des badinages de même sorte qui n'ont rien de contraire à la science, si je ne me trompe, & qui ne sont pas dépourvus de sel ; je savais que dans la vie commune tu fais le personnage de Démocrite. Aussi bien, à cause de la rare perspicacité de ton esprit qui établit tant de différence entre toi et le vulgaire, de même pour l'incroyable douceur & facilité de tes mœurs, tu peux avec tous te faire « l'homme de toutes les heures » & tu y trouves ton plaisir.

Ainsi non-seulement tu accueilleras de bonne grâce cette petite déclamation comme un souvenir de ton ami, mais tu la prendras sous ton patronage comme t'étant dédiée & désormais appartenant non plus à toi mais à moi. En effet il ne manquera pas de chicaneurs pour dire calomnieusement que ce sont des plaisan-

teries trop frivoles pour ma théologie & d'autre part des jeux trop mondains pour la modestie chrétienne ; ils crieront que nous ramenons l'Ancienne Comédie & que nous rappelons Lucien en portant partout nos morsures. Cependant, pour ceux que la légèreté & le plaisant du sujet peut choquer, ils devraient songer que je ne prends pas l'initiative mais suis un exemple fréquemment mis en pratique. Voilà bien des siècles qu'Homère s'est joué dans la Batrachyomachie, *Virgile dans le* Moucheron *& le* Moretum, *& Ovide à propos de la* noix. *Polycrate a fait le* Busiris *qui devait être réfuté par Isocrate ; Glaucon a loué publiquement l'injustice, Favorinus Thersite & la fièvre quarte ; Synésius la calvitie ; Lucien la mouche parasite. Sénèque a exercé sa verve sur l'apothéose de Claude ; Plutarque sur le dialogue d'Ulysse & de Gryllus ; Lucien & Apulée sur l'âne & je ne sais qui a laissé le testament d'un porc dont témoigne saint Jérôme.*

Donc, si l'on veut, que ces gens-là supposent que j'ai joué aux échecs ou, s'ils l'aiment mieux, que j'ai chevauché sur un long bâton. En effet, toute condition admettant un relâchement, il serait injuste de n'accorder aucune récréation à l'étude, surtout si la récréation mène à un travail sérieux & si de ces badi-

nages le lecteur au nez fin retire plus de profit que de matières ardues ou éclatantes. Tel orateur par exemple, dans un difcours fait de pièces & de morceaux, déroule l'éloge de la rhétorique & de la philofophie ; tel autre déploie le panégyrique d'un prince; un autre exhorte à la guerre contre les Turcs ; tel autre prédit l'avenir; un autre enfin combine des queftions fur la laine des chèvres. D'ailleurs, comme rien ne fent plus le fot badin que de traiter fur le ton du badinage un fujet férieux, de même rien n'eft plus délicat que de traiter la bagatelle de manière à ne pas trahir même l'apparence d'avoir badiné. C'eft au public qu'il appartient de trancher la queftion : cependant, fi l'amour-propre ne m'abufe pas, j'ai fait l'éloge de la Folie, mais non pas comme un fol.

Pour répondre au reproche d'efprit mordant, je foutiens que toujours on eut licence de fe moquer de l'ordinaire de la vie humaine, pourvu que cette licence ne dégénérât pas en rage fatirique. J'admire donc combien de notre temps les oreilles font délicates qui ne peuvent fupporter que des titres folennels. C'eft ainfi que nous voyons certaines gens prendre la religion tellement à rebours qu'ils tolèrent plutôt les plus graves blafphèmes contre le Chrift que les plus légères plaifanteries à l'endroit du Pontife & du Prince, surtout pour ce qui regarde la farine.

Mais, dites-moi, celui qui reprend le genre humain sans s'attaquer à personne nominativement, je me demande si l'on doit le traiter de satirique & s'il n'est pas plutôt un précepteur & un censeur. Autrement je tomberais moi-même sous le coup de mes satires. En outre celui qui ne laisse passer aucune catégorie d'individus, celui-là montre qu'il n'en veut à aucun homme, mais à tous les vices en général. Si quelqu'un donc se trouve offensé dans ce discours, c'est qu'il trahira une mauvaise conscience ou du moins certaines alarmes. En ce genre saint Jérôme s'est joué avec beaucoup plus de mordant & de liberté, n'épargnant pas les noms propres. Et nous qui nous abstenons d'en citer aucun, nous avons de plus tellement modéré notre style que tout lecteur intelligent doit aisément comprendre si nous avons cherché le divertissement plutôt que le plaisir de mordre. En effet, nous n'avons pas été, comme Juvénal, remuer la sentine secrète des crimes, visant à dénombrer les objets de risée plutôt que les objets d'horreur. En fin de compte, s'il y a des personnes que ces raisons ne puissent désarmer, qu'elles se souviennent que c'est un honneur d'être blâmé par la Folie & qu'en la mettant en scène, *nous avons dû garder le ton qui lui revient. Mais à quoi bon tous ces arguments devant un avocat tel que toi, capable de patronner même les causes qui ne sont pas des meilleures. Adieu donc, éloquent Morus, & défends avec tous tes soins ta Moria.*

A la campagne, ce 10 juin 1508.

L'ÉLOGE DE LA FOLIE

DÉCLAMATION

C'eſt la Folie qui parle

E ſuis pour les mortels un ordinaire ſujet d'entretien & je n'ignore pas le mauvais renom de la Folie, même chez les plus fous. Et pourtant c'eſt moi ſeule, moi ſeule, je le déclare, qui, par une divine influence, mets en hilarité les dieux & les hommes. En voulez-vous une preuve ? A peine ai-je paru dans cette nombreuſe réunion, tout à coup ſur tous les viſages une nouvelle, une inſolite allégreſſe eſt venue éclater : tout à coup vous avez déridé vos fronts & donné des marques de gaîté par la bonne grâce du rire : ſi bien que vous tous, tant que

vous êtes, en ma préfence, m'apparaiffez comme des dieux d'Homère émus d'une ivreffe où le nectar fe mélange au népenthès, tandis qu'avant ma venue vous reftiez mornes & foucieux. On eût dit que vous reveniez de l'antre de Trophonius, comme il arrive dans la nature, quand le foleil vient montrer à la terre fon beau vifage d'or, ou quand, après l'âpreté de l'hiver, le printemps renouvelé fouffle avec la douceur des zéphirs & que tout revêt une forme neuve, que tout prend de nouvelles couleurs & comme une forte de rajeuniffement : de même à ma vue votre face s'eft métamorphofée. Ainfi ce qu'ailleurs des rhéteurs puiffants peuvent à peine obtenir par des harangues longues & méditées, c'eft-à-dire la difperfion des foucis de l'âme, je l'ai produit rien qu'à mon afpect.

Je veux bien pourtant vous dire pourquoi je me préfente dans cet appareil inaccoutumé, s'il ne vous en coûte point de me prêter votre attention, non pas celle que vous donnez aux fermonnaires, mais bien aux orateurs de place publique, aux bouffons & aux charlatans, celle que jadis notre Midas a départie au dieu Pan. Il me plaît de faire auprès de vous le fophifte, non certes à la manière de ces gens qui de nos jours inculquent à l'enfance des niaiferies épineufes & lui communiquent une manie d'ergoter plus que féminine. Non ! j'imiterai ces

anciens qui, pour éviter l'appellation de Sages, infâme à mon avis, ont préféré ce nom de sophistes. Leur office favori consistait à célébrer en des panégyriques les louanges des dieux & des héros. Vous entendrez donc un éloge non d'Hercule, mais de moi-même, c'est-à-dire l'éloge de la Folie.

Pour ma part je ne fais aucun cas de ces Sages qui traitent de sot & d'insolent quiconque se loue lui-même. Que ce soit acte de bizarrerie, s'ils le veulent, pourvu qu'ils nous accordent la logique de cet acte. En effet, quoi de plus conféquent que la Folie faisant retentir ses mérites sur la trompette & se servant à elle-même de joueuse de flûte? Qui m'exprimera mieux que moi-même? Puis-je être aussi bien connue d'autrui qu'à ma propre appréciation?

Et même en cela j'agis plus modestement que ne fait la foule des grands & des sages qui, par une dépravation de l'honneur, loue à prix d'argent un rhéteur patelin ou un poëte aux vaines paroles & les engage pour recevoir des louanges mensongères de sa bouche : & pourtant ces gens-là relèvent leur plumage à la façon d'un paon, dressent leurs crêtes, cependant que l'adulateur effronté compare des hommes de rien aux divinités, les propose comme des modèles parfaits de toutes les vertus, dont il sait à quel point ils sont éloignés, & de cette façon habille la corneille de plumes étrangères & travaille à blanchir la peau de l'Ethiopien, comme à transformer la mouche en éléphant. Enfin, je m'attache au proverbe vulgaire : « On fait bien de se louer soi-même, quand on n'a pas d'autre louangeur. »

Cependant j'admire par moments l'ingratitude & l'indifférence des hommes à mon égard : tous m'honorent & me cultivent; tous se ressentent volontiers de mes bienfaits. Personne pourtant, depuis que le monde est monde, ne

s'eſt offert pour célébrer les louanges de la Folie dans un hymne de reconnaiſſance; perſonne, tandis que les panégyriſtes n'ont manqué ni à Buſiris, ni à Phalaris, ni à la fièvre quarte, ni à la mouche, ni à la calvitie, ni à tous les fléaux qui ont trouvé des gens pour leur conſacrer & leur huile & leurs veilles.

Je ferai donc réduite à faire mon propre éloge en un diſcours de pure improviſation & de nul travail, mais d'autant plus véridique. Car je ne voudrais pas que vous cruſſiez ce diſcours fait pour l'oſtentation de mon eſprit, comme c'eſt l'ordinaire pour la foule des orateurs. Vous connaiſſez en effet ces individus qui, livrant au public une compoſition élaborée pendant trente ans & parfois de ſource étrangère, affirment cependant qu'ils n'ont mis que trois jours à l'écrire ou à la dicter, même en façon de divertiſſement. Pour moi mon plus grand plaiſir a toujours été de dire ce qui me vient ſur la langue.

Mais que perſonne n'attende de nous que, ſelon la banale méthode des rhéteurs, je me faſſe connaître par une définition, encore moins par une diviſion du ſujet. Car ce ſerait d'un mauvais augure ou de renfermer dans des bornes celle dont la divinité s'étend au loin ou de diviſer celle dont le culte obtient le conſentement de tout le genre humain. D'ailleurs à quoi ſervirait-il de vous peindre mon ombre & mon image dans une définition, quand vous me voyez devant vos yeux telle que je ſuis?

Je ſuis, comme vous me voyez, cette franche donneuſe de biens que les Latins appellent *Stultitia*, les Grecs *Moria*. Était-il même beſoin de le dire? mon viſage, mon front ne me dénoncent-ils pas? Si quelqu'un s'aviſait de me prendre pour une Minerve ou une Sageſſe, ma vue ſans la moindre parole ne réfuterait-elle

DE LA FOLIE.

pas son erreur ? Ma face n'est-elle point un miroir peu trompeur ? Chez moi nulle place pour le fard ; je n'ai pas un masque sur le front, une arrière-pensée dans le cœur ; je suis partout semblable à moi-même : si bien que mes adeptes, quand ils revendiquent pour eux l'appareil & le nom de la Sagesse, ne peuvent me dissimuler : ce sont singes sous la pourpre & ânes sous la peau du lion ; malgré tout leur soin à contrefaire, leurs oreilles proéminentes signalent en eux des Midas.

Déplaisante engeance du reste que ces personnages qui, tout en étant de notre parti, devant le public rougissent tellement de notre nom qu'ils l'objectent aux autres comme un opprobre. Aussi ces gens-là, fous fieffés, qui voudraient paraître des sages & des Thalès, doivent être à bon droit traités comme des composés de sage & de fou. On a jugé même à propos dans le temps présent d'imiter les rhéteurs qui se croient des dieux, s'ils montrent deux langues ainsi que les sangsues, & regardent comme un bel exploit d'entremêler comme en une marqueterie dans leurs discours latins quelques mots de grec, même quand il n'y a pas lieu. Si donc les langues exotiques manquent à ces gens-là, des parchemins poudreux ils vont tirer quatre ou cinq mots surannés dont ils offusquent le lecteur comme de ténè-

bres : de telle façon ceux qui comprennent s'applaudiffent de plus en plus ; ceux qui ne comprennent rien admirent en proportion de leur entendement ; car c'eft pour nous autres Fous un plaifir qui n'eft pas fans charme de regarder avec ébahiffement ce qui vient de loin. Si pourtant quelques perfonnes affectent de certaines prétentions, vous les verrez fourire, battre des mains &, comme l'âne, remuer les oreilles : ce qui eft pour tous les autres un figne d'intelligence. « Et cela eft comme cela. »

J'en reviens à mon fujet. Vous favez donc mon nom, hommes... De quelle épithète me fervirai-je, finon... très-fous ! Eft-il un plus digne vocable dont la déeffe Folie puiffe défigner fes myftes ? Mais, puifque peu d'entre vous connaiffent ma lignée, je vais effayer de vous l'expofer avec l'aide des Mufes... Sachez d'abord que je n'ai eu pour père ni le Chaos, ni Orcus, ni Saturne, ni Japet, ni perfonne de cette efpèce de dieux décrépits & tombant en pouffière. Mon père c'eft Plutus, Plutus qui, n'en déplaife à Héfiode, à Homère & à Jupiter lui-même, eft le père des dieux & des hommes ; Plutus qui d'un figne, comme jadis, à fon gré mêle le facré & le profane. C'eft lui qui, de façon arbitraire, dirige les guerres, les paix, les empires, les confeils, les jugements, les comices, les hymens, les pactes, les traités, les lois, les arts, les chofes férieufes & bouffonnes, le fouffle me manque pour tout dire, enfin toutes les affaires publiques & privées des hommes. Sans fon affiftance, tout le peuple des dieux de la Fable, j'oferai même dire les grands dieux, n'exifteraient pas, ou, réduits à vivre à leurs dépens, ils feraient trifte chère. Bref, ce Plutus eft fi redoutable dans fon courroux que Pallas même n'en faurait mettre à l'abri. Quiconque au contraire le trouve propice pourrait envoyer promener Jupiter & fa foudre.

C'eſt d'un tel père que je me glorifie d'être née. Or ce père m'engendra, non de ſon cerveau comme la déplaiſante & farouche Pallas, mais avec la nymphe Démence, la plus riante de toutes & la plus enjouée, & ils me mirent au monde non dans une mauſſade union, comme ce boiteux artiſan, mais, ce qui eſt autrement doux, dans « les mélanges de l'amour », ſelon l'expreſſion d'Homère. Ne vous y trompez pas, celui qui m'a engendrée n'était pas ce Plutus d'Ariſtophane déjà penché vers la tombe, atteint déjà de cécité, mais le Plutus de jadis, encore en ſon entier, fervent de jeuneſſe, & non de jeuneſſe ſeulement, mais bien plus encore du nectar que par haſard il avait, dans le banquet des dieux, amplement humé par larges raſades.

Me demandez-vous mon lieu natal ? Quoique ce détail de l'endroit où l'on a pouſſé les premiers vagiſſements me ſemble aujourd'hui compter pour un titre de nobleſſe, je ne ſuis venue au monde ni dans l'errante Délos, ni ſur la mer onduleuſe, ni dans les creuſes cavernes, mais dans les îles Fortunées, où tout vient ſans ſcience & ſans culture. Là plus de travail, plus de vieilleſſe, plus de labeur : nulle part dans les champs d'aſphodèle, de mauve, de ſcille, de lupins, de fèves ou de toute autre eſpèce de pauvretés ſemblables; mais de tous côtés au plaiſir des yeux, au loiſir des narines, ſe jouent

le moly, la panacée, le népenthès, la marjolaine, l'ambroifie, le lotos, la rofe, la violette, l'hyacinthe, les jardins d'Adonis.

Auffi, naiffant parmi ces délices, je n'ai nullement commencé la vie par les pleurs, mais par un doux fourire à l'adreffe de ma mère. Je n'envie donc pas au fouverain, fils de Chronos, fa chèvre nourrice, quand deux nymphes des plus aimables m'ont elles-mêmes nourri de leurs mamelles : Méthé, fille de Bacchus; Apœdia, fille de Pan. Vous les voyez ici dans le cortége de mes compagnes & fuivantes. Si vous voulez connaître leurs noms, vous n'entendrez que des mots grecs.

Celle-ci, dont vous remarquez les hauts fourcils, c'eft Philautia (l'Amour de foi); celle-là, dont vous diftinguez les yeux éclatants & les mains toujours en demeure d'applaudir, s'appelle Kolakia (la Flatterie). Cette autre à demi affoupie comme une dormeufe, c'eft Léthé qu'elle fe nomme (Oubli); celle-là, qui s'appuie fur les deux coudes avec les mains enlacées l'une dans l'autre, c'eft Mifoponia (Haine du travail); une autre, guirlandée de rofes & toute imbue de parfums, c'eft Hédoné (la Volupté); celle-là, aux yeux vagabonds & toujours en mouvement, c'eft Anoia (l'Égarement); enfin, celle dont la peau eft fi luifante & le corps fi bien à point, c'eft Trufé (la Délicateffe de la chair). Vous voyez, mêlées à ces nymphes, deux divinités dont l'une eft Comus & l'autre le Sommeil léthargique.

Avec tous ces ferviteurs & auxiliaires, je régis mon empire, moi qui commande aux monarques eux-mêmes. Vous favez maintenant ma naiffance, mon éducation, ma fuite ou mon cortége. Et pour que je ne paraiffe pas ufurper fans droit le nom de déeffe, ouvrez vos oreilles pour apprendre de combien de commodités j'enrichis à la fois les hommes & les dieux, & comme ma divine puiffance jouit d'une vafte étendue. En effet, fi l'on a pu écrire à propos : « C'eft être dieu que de faire du bien aux mortels »; fi l'on a reconnu un droit à être admis dans le fénat des dieux à tous ceux qui ont découvert le vin, le blé ou tel autre avantage pour les hommes, pourquoi ne pafferais-je pas pour l'*alpha* de tous les dieux, moi qui prodigue à tous tous les biens ?

Et d'abord lequel de ces biens peut être plus doux, plus précieux que la vie ? N'eft-ce pas à moi qu'il en faut attribuer le point de départ ? En effet, ce n'eft point la pique de Pallas, douée de la force paternelle, ni l'égide de Jupiter affembleur de nuages, qui influent fur la propagation humaine. Or, le père lui-même des dieux, le fouverain des hommes, qui d'un figne fait trembler tout l'Olympe, ne fait-on pas qu'il dépofe fon foudre à trois pointes & quitte cette face de Titan avec laquelle il effraie à fon gré tous les dieux, & qu'à la manière des hiftrions il prend un mafque étranger, s'il veut faire ce qu'il fait fouvent, c'eft-à-dire l'amour ?

Voyez les ftoïciens, ils s'eftiment voifins des dieux. Mais donnez-moi un de ces philofophes, fût-il trois, quatre mille fois ftoïcien ; cependant s'il ne renonce point à fa barbe, infigne de la fageffe, qui pourtant lui eft commun avec les boucs, il lui faudra quelquefois abaiffer

son grave sourcil, dérider son front, écarter ses préceptes d'airain, faire à propos le fol & le folâtre. En un mot, tout sage qu'il est, s'il veut devenir père, il devra m'appeler à la rescousse.

Et pourquoi ne vous parlerais-je pas franchement à ma manière ? Est-ce la tête, la face, la poitrine, les mains, les oreilles, ces nobles parties du corps humain qui ont la faculté d'engendrer les dieux & les hommes ? Je ne le crois pas; mais c'est bien une partie du corps si folle, si ridicule qu'on ne peut la nommer sans rire,

& qui eft la propagatrice du genre humain, la fontaine facrée où tout va puifer la vie beaucoup plus que dans le quaternaire des pythagoriciens.

Or ça, quel homme voudrait prêter fa bouche au mors du mariage, fi, comme les fages ont accoutumé de le faire, il pefait d'abord les inconvénients de ce genre de vie ? Quelle femme admettrait un époux, fi elle favait ou foupçonnait les périls de l'enfantement & les foucis de l'éducation ? Donc, fi vous devez la vie au mariage, vous devez le mariage à l'Anoia (Égarement) qui vient à ma fuite. Vous comprenez donc votre dette envers moi. Et celle qui a fait l'expérience de l'hymen reviendrait-elle à la charge, fi la nymphe Léthé (Oubli), n'était là pour l'y affifter. Vénus elle-même, en dépit de Lucrèce, n'oferait nier que fans notre divin fecours toute fa force tomberait fans action & fans réfultat.

C'eft donc de nos jeux pleins d'ivreffe & de bouffonnerie que proviennent ces philofophes aux fourcils froncés à qui ont fuccédé ceux que le vulgaire appelle moines, & les rois chargés de pourpre, & les pieux eccléfiaftiques, & les pontifes trois fois faints. Vient enfuite toute cette foule de dieux de la poéfie tellement fréquents que leur nombre eft à peine contenu dans l'Olympe, fi fpacieux qu'il foit. Mais c'eft peu que la pépinière & la fource de la vie foient en moi, fi je ne démontre que tous les avantages relèvent de ma dépendance.

En effet, qu'eft-ce que la vie, fi vous en retirez la volupté? Vous m'approuvez... Je le favais bien. Aucun de vous n'eft ni affez Sage ni affez Fou à fa manière pour ne pas adopter cette maxime! Les ftoïciens eux-mêmes ne déprifent pas la volupté, bien qu'ils la diffimulent avec foin & la déchirent de mille invectives devant la foule, fans doute pour en dégoûter les autres & en jouir plus à leur faoul. Qu'ils me difent donc, par Jupiter! quelle eft la partie de la vie exempte de trifteffe, de défagréments, de difgrâces, d'amertumes, de dégoûts, fi l'on n'y infinue le plaifir, cet affaifonnement de la Folie.

Je puis en prendre à témoin Sophocle qu'on ne faurait affez louer & dont il refte un bel éloge fur notre compte : « A ne rien penfer confifte le bonheur de la vie. » Cependant, reprenons tout cela en détail.

D'abord ignore-t-on que le premier âge de la vie eft de beaucoup le plus riant & le plus agréable? Autrement qu'y aurait-il chez les enfants pour les couvrir ainfi de baifers & d'embraffements, & les réchauffer de foins, & pour que nos ennemis mêmes leur portent fecours, fi ce n'eft une attrayante Folie, charme que la fage nature a fu imprimer chez les nouveau-nés

afin qu'en payant les autres du plaifir qu'ils donnent ils puffent adoucir les peines de ceux qui les élèvent & mériter par leurs careffes les faveurs de ceux qui les protégent? Enfuite l'adolefcence, qui fuccède au premier âge, comme elle obtient de bonnes grâces! Comme on la protége fincèrement, avec quel zèle on la pouffe, comme on lui tend des mains officieufes & auxiliaires! Mais d'où vient ce crédit de la jeuneffe, fi ce n'eft de moi? Qui lui donne ce privilége d'être enjouée & fi peu déplaifante? Ou je suis une menteuse, ou bientôt, quand les adolescents ayant grandi sont amenés par l'enseignement & la pratique à une sagesse virile, tout à coup l'on voit se déflorer leur beauté physique, leur allégresse s'allanguir, se refroidir leur esprit, s'amollir leur vigueur.

Plus l'homme s'éloigne de moi, moins il jouit de la vie, jusqu'à ce que vienne la fâcheuse vieillesse, qui n'est pas seulement odieuse aux autres mais à elle-même. Cette vieillesse ne deviendrait tolérable à aucun des mortels si, dans ma compassion pour tant de misères, je ne tendais la main, &, comme les dieux ont coutume de secourir les mourants par quelque métamorphose, je ne rappelais, autant qu'il m'est permis, à l'état de l'enfance ceux qui sont près de la tombe. Aussi le vulgaire n'a-t-il pas tort d'appeler cet âge « la seconde enfance ». Comment puis-je produire ces transformations ? je ne le cacherai pas. C'est à la source de notre Léthé (car il prend naissance dans les îles Fortunées & coule seulement aux Enfers comme un petit ruisseau) que je les amène, pour qu'ils boivent de cette eau dont la vertu dissipe les soucis & fait repousser la jeunesse. « Mais, dira-t-on, ces gens sont en délire, en pure extravagance ! » D'abord n'est-ce pas rajeunir ? Être enfant, n'est-ce point dire & faire des sottises ? N'est-ce point ce qui nous plaît le plus à cet âge, l'absence de raison ?

Qui ne haïrait point comme un petit prodige l'enfant raifonnant comme un homme ? Je m'autorife du proverbe : « Je hais un enfant d'une précoce fageffe ! » Voudrait-on avoir un commerce ou même des relations avec un vieillard qui joindrait à une telle expérience des chofes une égale force d'efprit & une femblable vigueur de jugement ? C'eft pourquoi mes bienfaits font radoter le vieillard.

Grâce à moi, cependant, ce radoteur eft préfervé de tous ces miférables foucis qui tourmentent fon voifin le Sage. D'abord, c'eft un convive aimable. Il ne fent pas l'ennui de la vie que tolère à peine un âge plus robufte. Quelquefois il revient avec le vieillard de Plaute aux trois fameufes lettres : A M O ; bien malheureux alors s'il était fage, tandis qu'heureux par mes dons, agréable parfois à fes amis, il ne manque pas de charme, même dans un feftin. C'eft ainfi que dans Homère le vieux Neftor parle plus doux que miel, tandis qu'Achille eft tout amertume & que chez le même poëte les vieillards, affis fur les murs d'Ilion, font entendre une voix « douce comme le lis ». D'après ce raifonnement, les vieillards font plus heureux que l'enfance : l'enfance eft heureufe, mais elle n'a pas le plus grand plaifir de la vie, à favoir de bavarder. Ajoutez que les vieillards fe plaifent avec les enfants & de même les enfants avec les vieillards. Les dieux ainfi rapprochent les femblables.

Que de rapports entre ces deux âges, fi ce n'eft que le vieillard a des rides & compte un plus grand nombre de jours de naiffance! D'ailleurs la blancheur des cheveux, la bouche édentéé, le corps voûté, le goût du lait, l'égarement, le bavardage, la fottife, l'oubli, l'indifcrétion, prefque tous ces traits fe retrouvent pareillement dans ces deux âges. Plus les hommes avancent dans la vieilleffe, plus ils reviennent aux allures de l'enfance jufqu'à ce que, comme les enfants, ils fortent du monde fans regretter la vie & fans craindre la mort.

Et maintenant, que l'on me juge & que l'on compare ces bons offices avec les métamorphofes opérées par les dieux. Je n'ai point à rappeler ce qu'ils font dans leur colère, mais pour peu qu'ils foient propices, ils transforment les hommes en arbres, en oifeaux, en cigales ou même en ferpents; comme fi ce n'était pas la même chofe que de mourir. Pour moi, je reftitue ces mêmes hommes à la partie la meilleure & la plus heureufe de leur vie; fi les mortels s'abftenaient de tout commerce avec la fageffe, s'ils paffaient toute leur exiftence avec moi, il n'y aurait pas de vieilleffe, mais la jouiffance bienheureufe d'une jeuneffe perpétuelle.

Ne voyez-vous pas que ces hommes morofes

enfoncés dans les études philofophiques ou dans les affaires férieufes & ardues, ont la plupart du temps vieilli avant d'être jeunes, & en effet les foucis, l'affiduité & l'âpreté des penfées qu'ils agitent épuifent leur efprit & tariffent peu à peu le fuc de la vie. Au contraire, mes Fous font bien gras, bien luifants, bien nourris comme des porcs d'Acarnanie : ils ne feraient expofés à aucune des incommodités de la vieilleffe s'ils ne participaient à la contagion des fages, tellement rien dans la vie humaine ne jouit du bonheur complet. Ajoutez le témoignage, qui n'est pas méprisable, d'un proverbe renommé d'après lequel la Folie est la seule chose qui puisse retarder la fuite de la jeunesse & reléguer au loin la méchante vieillesse. Ce n'est donc pas au hasard qu'en langage populaire on dit des Brabançons que si l'âge apporte la prudence chez les autres hommes, plus ceux-ci approchent de la vieillesse, plus ils font de folies : aucune autre nation, pour l'usage commun de la vie, n'est plus aimable & ne sent moins la tristesse de la sénilité. C'est ainsi que, du reste, se comportent mes Hollandais qui leur touchent de près par le voisinage du pays comme par l'affinité des mœurs. Pourquoi ne les dirais-je pas miens? Ils me cultivent avec assez de zèle pour qu'on leur ait donné un surnom qui vient de moi, surnom dont ils ne rougissent pas, car ils s'en vantent, au contraire.

Que maintenant les impertinents aillent évoquer les Médées, les Circés, les Vénus, les Aurores & cette fontaine qu'ils cherchent je ne sais où pour rendre la jeunesse, quand seule je possède & pratique ce pouvoir. En effet je dispose de ce suc merveilleux avec lequel la fille de Memnon prolongea la jeunesse de Tithon. Je suis cette Vénus dont la faveur fit rajeunir Phaon, pour qu'il pût être aimé de Sapho. J'ai des herbes & des enchantements, une fontaine qui non-seulement rappelle l'adolescence écoulée,

mais qui la perpétue. Si vous fouscrivez à cette sentence que rien n'est préférable à l'adolescence, rien plus détestable que la vieillesse, vous comprendrez votre dette envers moi qui préserve un tel bien à l'exclusion d'un tel mal. Mais que parlé-je encore des mortels ? Passez le ciel en revue, & je veux bien qu'on me fasse un opprobre de mon nom si l'on trouve un seul dieu aimable & digne d'estime qui ne se recommande de ma divinité. Pourquoi chez Bacchus cet air constant de jeunesse, cette belle chevelure, si ce n'eſt que toujours folâtre & entre deux vins, il paſſe ſa vie dans les banquets, les danſes, les chœurs, les jeux, ſans avoir jamais la moindre relation avec Pallas ? Enfin il eſt tellement loin de prétendre à la ſageſſe qu'il ſe réjouit d'être honoré par des bouffonneries & des jeux. Et il ne s'offenſe pas du proverbe qui lui attribue le ſurnom de fou, c'eſt-à-dire « plus fou que Morychos ». Auſſi lui a-t-on donné le ſurnom de Morychos, parce qu'aſſis devant les portes du temple il conſentait à ſe laiſſer barbouiller de vin doux & de jeunes figues par la folâtrerie des laboureurs. Mais alors quels traits de ſatire la vieille Comédie n'a-t-elle pas jetés contre ce dieu : « O le badin ! » s'écrie-t-elle, « Bien digne de naître de la cuiſſe de Sémélé. » Or qui n'aimerait mieux être ce fou, ce badin toujours enjoué, toujours jeune, ſuggérant toujours tous les jeux & les plaiſirs que Jupiter à la penſée ſubtile, ou ce vieux Pan qui partout propage de fauſſes terreurs, ou ce Vulcain couvert de flammèches & toujours enluminé des travaux de ſes forges, ou même cette Pallas terrible par ſa gorgone & ſa lance & qui toujours regarde de travers ? Pourquoi Cupidon reſte-t-il toujours enfant, ſi ce n'eſt qu'il ſe montre plaiſant & ne fait ou ne ſonge rien de ſage ? Pourquoi Vénus, belle comme l'or, a-t-elle toujours la face printanière ? C'eſt ſans doute qu'elle m'eſt parente.

26 L'ÉLOGE

D'où elle emprunte sur son visage cette teinte de mon père Plutus; & c'est bien pourquoi dans Homère elle est appelée l'Aphrodite d'or. Ensuite elle rit toujours, si nous en croyons les poëtes ou les statuaires, leurs émules. Quelle divinité a été plus religieusement honorée par les Romains que Flore, mère des Voluptés ?

Que d'autre part on passe aux divinités sérieuses, & qu'on cherche leur manière de vivre, dans Homère & dans les autres poëtes, on n'y trouvera que pure folie. Que sert-il de rappeler les actions des autres quand vous connaissez les amours & les jeux de Jupiter, le dieu de la foudre; quand cette sévère Diane, oubliant son père, ne fait que chasser, affolée pour Endymion ? Je voudrais que leurs hauts faits leur fussent rappelés par Momus qui jadis avait coutume de les traiter de la sorte. Mais, irrités récemment, ils l'ont précipité sur la terre avec Até, sous prétexte que son importune sagesse gênait leur félicité. Aucun mortel ne donne l'hospitalité à ce pauvre proscrit. A plus forte raison n'est-il pas admis chez les princes, où pourtant ma suivante Até tient la première place. Mais elle ne s'accorde pas plus avec Momus que le loup avec l'agneau.

Donc, en son absence, les dieux s'adonnent au plaisir avec plus de licence & de douceur, « menant la vie facile », comme dit Homère, fans aucuns cenfeurs. A quels jeux fe livre ce Priape en bois de figuier ? Combien Mercure ne donne-t-il pas la comédie par fes larcins & fes preftiges ? Vulcain lui-même a fait le plaifant à la table divine, &, tantôt par fa démarche de boiteux, tantôt par fes quolibets, tantôt par fes bouffonneries, il déride les auguftes buveurs. Puis vient Silène, ce vieillard amoureux qui danfe la cordace avec les Polyphèmes ou avec les Nymphes toutes nues. Viennent les Satyres demi-boucs jouant leurs atellanes, & Pan, avec fa chanfon fans art, excite le rire univerfel; chanfon où les dieux fe plaifent plus qu'au chant des Mufes, quand le nectar les a mis en belle humeur. Mais je rappelle ce que les dieux peuvent faire après leur banquet, allumés par le vin. Si folle que je fois, je ne faurais m'abftenir d'en rire. Mais il vaut mieux fe rappeler Harpocrate, de peur qu'un dieu corycien ne nous entende raconter ce que Momus n'a pu dire impunément.

Cependant il eft temps de quitter le ciel, felon l'exemple homérique, pour defcendre fur la terre, où nous ne voyons ni gaîté, ni bonheur fans mon intervention. Remarquez d'abord avec quelle prévoyance la nature, mère & ouvrière du genre humain, a pourvu à ne jamais laiffer manquer le condiment de la folie. Admettons les définitions des Stoïciens, à favoir que la fageffe confifte à fe laiffer guider par la raifon ; la folie, au contraire, à fe laiffer emporter au gré de fes paffions. Pour que la vie humaine ne fût pas chagrine & morofe, Jupiter a donné plus de paffion que de raifon, comme fi l'on comparait la demi-once à l'as. De plus, il a relégué la raifon dans un petit coin de la tête & a abandonné tout le corps aux paffions. En effet, il a oppofé à la raifon unique comme deux tyrans des plus violents : la colère, qui occupe la forterefse des entrailles & la fource de la vie, le cœur, la concupifcence qui étend au loin fon empire jufque fur la première jeuneffe. Contre ces deux tyrans que vaut la raifon ? on le voit par la conduite commune des hommes; elle prefcrit ce qui eft permis & diâe jufqu'à s'enrouer les formules de l'honnête; mais ceux-ci réfiftent contre cette fouveraine jufqu'à ce que fatiguée elle cède d'elle-même & livre les mains à la Folie.

D'ailleurs, comme l'homme eft né pour l'adminiftration des affaires & qu'il fallait augmenter fa petite portion de raifon, Jupiter me confulta fur ce point comme fur tout le refte. Or, j'ai donné un confeil digne de moi : c'eft de lui adjoindre la femme, ce fot & impertinent animal, mais amufant & gracieux, qui, dans la communauté domeftique, adoucit & égaie par fa folie la trifteffe de l'efprit viril.

Quand Platon a semblé douter s'il placerait les femmes parmi les animaux raisonnables ou les brutes, il n'a voulu qu'indiquer l'insigne folie de ce sexe. Si, par hasard, une femme voulait passer pour sage, elle ne ferait rien que se rendre deux fois folle : comme si l'on voulait oindre un bœuf à la façon d'un athlète, cela en dépit de Minerve, ainsi que l'on dit proverbialement. Quiconque va contre la nature emploie le fard de la vertu & détourne ses penchants, double ses vices; de même que le singe reste toujours singe, même vêtu de pourpre, de même la femme est toujours femme, c'est-à-dire folle, quelque masque qu'elle revête.

Je ne crois pas l'espèce féminine assez irritable pour m'en vouloir de lui attribuer la folie, moi qui suis femme & folle. En effet, si elles estiment les choses sainement, elles devront savoir gré à la folie de les avoir rendues plus heureuses que les hommes. D'abord ne me doivent-elles pas l'agrément de cette beauté qu'elles préfèrent à bon droit à toute chose & dont l'attrait leur assure la tyrannie même sur les tyrans. En effet, d'où vient chez l'homme la hideur du visage, la peau velue, la forêt de barbe, la sénilité, si ce n'est du vice de la sagesse? Chez la femme au contraire, les joues sont toujours unies, la voix toujours grêle, la peau toujours délicate. Leur vie semble une

perpétuelle imitation de l'adolefcence. Enfin, que défirent-elles finon de plaire aux autres? n'eft-ce pas là que tendent à la fois & la parure, & le fard, & les bains, & les frifures, & les effences, & les parfums, & cet art de peindre & de façonner le vifage, les yeux, la peau? D'ailleurs, d'où vient l'afcendant des femmes fur les hommes, finon de la folie? Que n'accordent-ils pas aux femmes en vue de la volupté? & quel autre attrait ont les femmes, finon la folie? On ne faurait le nier quand on fonge à toutes lès niaiferies qu'un homme débite avec une femme, à toutes les fottifes qu'il fait, chaque fois qu'il veut fe donner le plaifir amoureux.

Vous favez d'où vient le plus grand charme de la vie. Mais vous avez certaines gens, des vieillards furtout, plus biberons que galants, qui mettent dans la bouteille la volupté fouveraine : or je ne fais fi l'on peut faire un bon repas fans femmes. Il eft fûr au moins que fans le condiment de la folie, aucun repas n'eft bon. Auffi bien, quand aucun des convives n'eft fou réellement ou ne fait pas femblant de l'être, on va chercher un plaifant à gages, un bouffon parafite qui, par des plaifanteries dérifoires, fecoue le filence & l'ennui de la table.

En effet, à quoi bon charger fon ventre de tant de friandifes, de délicateffes, de gourmandifes, fi les yeux également, les oreilles, & tout l'efprit ne fe repaiffent de jeux, de rires, d'agréments? Or, je fuis l'unique architecte des dragées. Voilà pourquoi j'ai inventé tous ces agréments des feftins, le tirage au fort du roi, le jeu de dés, l'échange des coupes, les fantés à la ronde, les chanfons avec une branche de myrte, la danfe, les poftures! Ce ne font pas les fept Sages de la Grèce, mais nous qui avons inventé tout cela pour le plus grand bien du genre humain. Or, la nature de tous ces plaifirs eft telle que plus ils contiennent de folie, plus ils font utiles à la vie des mortels. Si cette vie est triste, elle ne mérite même pas le nom de vie. Or elle est triste nécessairement si l'on n'y mêle les divertissements à l'ennui qui en est inséparable.

Il se trouvera peut-être des individus qui, méprisant ce genre de plaisir, se contenteront de l'intimité & de la familiarité de leurs amis, mettant le souverain bien dans l'amitié & la déclarant plus indispensable que l'air, l'eau elle-même, au moins tellement délicieuse qu'en la supprimant on supprimerait le soleil, ou tellement noble que les philosophes ne craignent pas de la compter au nombre des principaux biens. Mais ne pourrais-je démontrer que je suis la poupe & la proue d'un tel bien : je le démontrerais, non à l'aide de crocodiles ou de sorites, ou de sophismes cornus ou d'arguties de même genre, mais avec un gros bon sens & en faisant toucher les choses du doigt.

Voyez plutôt : dissimuler, s'abuser, s'aveugler, s'affoler sur les défauts de ses amis, aimer des défauts même comme des vertus & les admirer, n'est-ce pas bien près de la folie ? Quand un homme embrasse avec délices une tache sur le visage de sa maîtresse, quand un autre se plaît au polype d'Agna, qu'un père prétend que son fils a les yeux un peu louches quand il les a de travers, qu'est-ce sinon pure folie ? Confessez donc à haute voix que c'eſt folie pure. Je dirai, moi, que la folie ſeule forme & entretient les liaiſons amicales.

Or, je ne parle ici que des mortels dont pas un ne naît ſans défauts. L'homme le meilleur eſt celui qui en a le moins. Car, parmi ces ſages qui ſe croient des dieux, ou le lien d'amitié ne ſe forme pas, ou cette amitié n'eſt qu'une union chagrine & boudeuſe qui ne ſe contracte encore qu'avec bien peu de gens. En effet, je me ferais ſcrupule de dire qu'ils n'aiment perſonne, vu que ſi la plupart des hommes ſont inſenſés; il n'y en a aucun qui ne délire de cent façons. Entre ſemblables ſe forment donc des liens étroits.

C'eſt pourquoi ſi jamais entre ces gens auſtères ſe forme un lien de bienveillance, il n'eſt ni durable ni ſolide : car ils ſont moroſes & trop peu clairvoyants, habitués à percer les défauts de leurs amis, comme l'aigle ou le ſerpent d'Epidaure. Pour leurs propres vices, ils ſont chaſſieux & ne voient pas la beſace ſur leur dos. Ainſi la nature des hommes eſt telle qu'on ne trouve aucun eſprit qui ne ſoit aſſervi à de grands défauts. Ajoutez une telle différence entre les goûts & les penchants, tant de faux pas, tant d'erreurs, tant de haſards. C'eſt bien pourquoi entre tous ces argus les douceurs de l'amitié ne ſubſiſteront pas une heure ſi l'on n'y joint ce que les Grecs appellent le renfort. Appelez-le folie ou facilité de mœurs.

Qu'eft-ce donc? Ce Cupidon, cet auteur, ce père de toute tendreffe n'eft-il pas aveuglé d'un bandeau? De même qu'il fait prendre la laideur pour la beauté, ne fait-il pas que chacun trouve beau ce qui lui eft cher? que le vieillard chérit fa vieille comme le mignon chérit fa mignonne. Cela fe fait partout, & l'on s'en moque, & pourtant ce ridicule eft un des plus grands nœuds & des plus grands liens de la fociété.

Ce que nous avons dit de l'amitié, on peut le penfer bien plus du mariage qui n'eft pas moins qu'un engagement pour toute la vie. Dieux immortels! combien n'arriverait-il pas de féparations ou de maux encore pires fi l'union de l'homme & de la femme n'était foutenue & fomentée par la flatterie, le divertiffement, la complaifance, l'erreur, la diffimulation, tous gens de mon cortége & de ma fuite.

Ah! qu'il fe ferait peu de mariages fi le fiancé avait la prudence de s'informer des jeux auxquels a joué bien avant nous cette petite vierge fi renchérie, fi pudique. Encore moins de mariages fubfifteraient fi les maris, par négligence ou par ftupidité, n'ignoraient la vie de leurs époufes. On traite cela de folie à bon droit, mais c'eft bien cette même folie par laquelle la femme

plaît au mari, le mari plaît à la femme, la maison est tranquille & l'union se maintient. Riez d'un cocu, traitez-le de coucou; appelez-le des noms que vous voudrez, pendant ce temps-là il boit avec ses lèvres les larmes de sa chère adultère. Il est bien plus heureux dans son erreur que s'il se consumait de jalousie, que s'il allait partout faire des tragédies? En somme aucune société, aucune union ne sauraient être agréables sans moi, si bien que le peuple ne supporterait pas son prince, ni le maître son efclave, ni la fervante fon maître, ni le précepteur fon difciple, ni l'ami fon ami, ni la femme fon mari, ni le propriétaire fon fermier, s'ils ne fe trompaient mutuellement, s'ils ne fe flattaient, ne fermaient les yeux, ne fe frottaient réciproquement d'un miel de folie. Je fais que tout ce que je vous ai dit doit vous paraître importun; mais vous entendrez bien d'autres chofes.

Dites-moi, un homme qui fe hait lui-même peut-il aimer quelqu'un? un homme en défaccord avec lui-même fera-t-il d'accord avec autrui? Donnera-t-on de la joie quand foi-même on eft accablé de chagrins? Nul ne le prétendrait fans être plus fou que la folie. Donc, en dehors de moi, perfonne ne pourra fupporter autrui, fi bien que chaque homme fe fera mal au cœur, fe trouvera fordide, fera dégoûté de lui-même. Voilà pourquoi la nature, plus marâtre que mère, a donné cette malheureufe tendance aux mortels d'être mécontents de foi & d'admirer les avantages d'autrui. D'où vient que les dons, les élégances, les charmes de la vie fe gâtent & fe réduifent à rien? A quoi fervira la beauté, ce que les immortels peuvent départir de plus précieux, fi l'atteinte d'une mauvaife odeur la flétrit? A quoi bon la jeuneffe, fi elle eft corrompue par le férieux d'une fénile mélancolie? En effet, dans toutes les fonctions de la vie, que ferez-vous foit à part, foit avec les autres (car

c'eſt le principe non-ſeulement de l'art, mais de l'action de mettre la bonne grâce dans tous nos actes), ſi vous n'avez à votre droite Philautia, ma bonne parente, tellement elle prend mes intérêts.

Ainſi, quoi de plus fou que d'être charmé de vous-même, de vous admirer ? & pourtant, ſi vous vous déplaiſez, vous ne ferez rien d'agréable ni de ſympathique, ni de bienſéant. Otez ce condiment de la vie, & l'orateur ſe refroidira dans ſon action, le muſicien languira dans ſa cadence, l'histrion sera sifflé au milieu de ses gestes; le poëte avec les muses excitera la risée, le peintre n'obtiendra que des mépris, le médecin mourra de faim avec ses remèdes. Ainsi de Nirée vous deviendrez Thersite; de Phaon, Nestor; de Minerve, cochon; d'éloquent, stupide; d'élégant, rustre.

Tant il est nécessaire que chacun se cajole & commence par se flatter lui-même avant de se recommander aux autres. Enfin, comme c'est une grande partie du bonheur de vouloir rester ce que l'on est, ma chère Philautia obtient ce résultat que personne ne regrette sa figure, son esprit, sa famille, son poste, sa doctrine, son pays, si bien que l'Irlandais ne voudrait point permuter avec l'Italien, ni le Thrace avec l'Athénien, ni le Scythe avec l'habitant des îles Fortunées. Admirable délicatesse de la nature qui dans une diversité infinie a su égaler toutes choses. Car là où elle a été parcimonieuse de ses dons, elle a prodigué l'amour-propre. Que dis-je bien follement! l'amour-propre est le plus grand des dons.

Mais, pour vous montrer que ce qu'il y a de plus beau parmi les hommes vient de moi, j'affirme qu'on n'a trouvé que sous mes auspices toutes les belles inventions : la guerre n'est-elle pas la source & la moisson des exploits les plus renommés! Or, quoi de plus fou que d'engager une lutte pour je ne fais quelles caufes! lutte dans laquelle les deux partis ont plus de défagréments que d'avantages, car pour ceux qui tombent, comme pour les Mégariens, on n'en tient pas compte. Lorfque des deux parts les troupes bardées de fer font rangées & que le chant rauque du clairon fe fait entendre, que viendraient faire ces fages qui, épuifés dans leurs études, ont à peine le fouffle & font refroidis & glacés! ce qu'il faut alors, ce font des gens folides & bien bâtis, qui ont beaucoup d'audace & fort peu d'intelligence. A moins qu'on n'aime mieux un foldat tel que Démofthène qui, fuivant le confeil d'Archiloque, à peine à la vue de l'ennemi, jeta fon bouclier & s'enfuit, auffi lâche guerrier qu'excellent orateur.

On me dira que la prudence compte pour beaucoup à la guerre. J'en conviens, mais c'eft une prudence toute militaire & qui n'a rien de philofophique : auffi bien les plus grands exploits fe font avec des parafites, des ruffians, des voleurs, des bravi, des payfans, des balourds, des banqueroutiers, avec la lie du genre humain & non pas à l'aide de philofophes dont la lampe eft toujours allumée. Qu'ils foient inutiles pour tous les ufages de la vie, l'exemple de Socrate le démontre : l'oracle d'Apollon l'avait déclaré le fage unique, mais fort peu fagement; car lorfqu'il entreprit quelque office public, il fut obligé de se retirer à la risée générale. Et pourtant en cela même il n'était pas tout à fait sot, car il refusa le surnom de Sage en l'attribuant seulement à la divinité; car il estimait que le Sage doit se tenir à l'écart du gouvernement; il eût dû même ajouter que celui qui veut passer pour homme doit s'abstenir de toute sagesse. Enfin, qui le fit excuser? Qui l'amena à boire la ciguë? La Sagesse, toujours la Sagesse. Car pendant qu'il philosophe sur les nuages & les idées, tandis qu'il mesure les pieds des puces & admire le bourdonnement des moucherons, il n'apprend pas ce qui a trait à la vie journalière. Voici Platon, son disciple, qui veut venir au secours du maître en péril! Bel avocat qui déconcerté par le bruit de la foule peut à peine prononcer une moitié de période. Que dirai-je de Théophraste? à peine eut-il paru dans l'assemblée, il reste muet comme à la vue d'un loup. Comment à la guerre eût-il encouragé les soldats? Isocrate, à cause d'une timidité de même genre, ne put jamais ouvrir la bouche en public. Cicéron, ce père de l'éloquence romaine, commençait toujours ses harangues avec une sorte de trépidation & de bégaiement enfantin. Fabius, il est vrai, interprète cette défaillance comme la marque d'un orateur sensé qui comprend le péril de la parole; mais n'est-ce pas un aveu que la Sagesse est contraire aux affaires publiques? Que feront alors, quand il s'agira d'en venir aux armes, ces gens qui font pâmés de peur, s'il leur faut combattre avec la fimple parole?

Et qu'après cela l'on vienne nous redire pompeufement cette fameufe fentence de Platon : « Les républiques feraient heureufes fi les philofophes gouvernaient, ou fi les gouvernants étaient philofophes. » Bien au contraire : confultez les hiftoriens, vous trouverez que jamais les républiques n'ont fubi de princes plus dangereux que ceux qui d'aventure s'adonnaient à la philofophie ou aux lettres; les deux Catons fuffiraient à le prouver : l'un, par fes délations infenfées, vint troubler la tranquillité de Rome; l'autre détruifit de fond en comble la liberté du peuple romain pour la vouloir défendre trop fagement. Ajoutez les Brutus, les Caffius, les Gracques, & même ce fameux Cicéron qui ne fut pas moins pernicieux à la république romaine que Démofthène à celle des Athéniens. Voyez Marcus-Antoninus : Je vous accorde qu'il ait été bon empereur, & je pourrais le retirer encore, vu que fa qualité de grand philofophe le rendit déplaifant & odieux à fes concitoyens; néanmoins je concède qu'il ait été bon prince; il n'en fut pas moins plus funefte à la république en lui laiffant un fils tel que le fien, qu'il ne lui avait été falutaire par fon adminiftration. D'ailleurs,

cette efpèce d'hommes qui s'adonnent à la fageffe font d'ordinaire malheureux en toute chofe, & furtout dans la propagation de l'efpèce, fans doute par un foin prévoyant de la nature qui empêche ce mal de la Sageffe de fe répandre davantage chez les mortels. C'eft pourquoi Cicéron n'eut qu'un fils indigne de lui, & les enfants du fage Socrate furent plus reffemblants à leur mère qu'à leur père, c'eft-à-dire qu'ils étaient fots.

On fupporterait encore ces philofophes s'ils

étaient seulement pour les offices publics des ânes devant une lyre; mais pour toute fonction de la vie, ils ne valent guère mieux. Invitez un sage à un festin : par son silence morose ou ses questions importunes il mettra le trouble dans la compagnie. Admettez-le dans un chœur : on dirait la danse d'un chameau. Traînez-le aux jeux publics : sa mine seule gênera le plaisir des spectateurs, & ce sage Caton sera contraint de quitter le théâtre pour ne pouvoir renoncer à son sourcil refrogné. Intervient-il dans une conversation ? C'est comme le loup de la Fable. Faut-il acheter, faire un contrat, en un mot, accomplir un de ces actes sans lesquels la vie quotidienne ne peut se passer, vous diriez que ce sage est une souche & non pas un homme : tellement il ne peut être bon à rien, ni pour sa patrie, ni pour les siens, sans doute parce qu'il est inhabile aux usages communs & qu'il est directement opposé à l'opinion vulgaire & aux façons de vivre de tout le monde. En conséquence, il s'attire une haine universelle par sa différence si prononcée de sentiments & de manières.

En effet, parmi les mortels où ne se trouve la Folie, ce sont des fous qui agissent avec des fous. Si un seul homme veut y faire résistance, je lui conseillerai d'imiter Timon & d'émigrer dans quelque désert pour y être seul à jouir de sa sagesse. Mais, pour revenir à ce que j'avais établi,

DE LA FOLIE. 45

quelle force a pu réunir en corps de cité les hommes primitifs si farouches & de pierre & de chêne, si ce n'est la flatterie? En effet, la lyre d'Amphion & d'Orphée ne signifie pas autre chose. Qu'est-ce qui a fait rentrer dans l'harmonie civique la plèbe romaine, qui se portait déjà aux dernières entreprises? Est-ce une harangue philosophique? Pas du tout. Non, c'est un apologue plaisant & puéril sur le ventre & les autres parties du corps. Le même succès s'attacha au discours de Thémistocle sur le renard & le hérisson. Quel discours de sage aurait produit l'effet de la biche inventée par Sertorius, de sa ruse drôlatique des queues de cheval ou des deux chiens du légiflateur de Sparte? Et je ne dis rien de Minos & de Numa, qui, tous les deux par leurs inventions fabuleuses gouvernèrent la sottise de la multitude. Ce sont de pareilles fadaises qui mettent en mouvement cette grande & grosse bête, le peuple.

Et d'ailleurs, quelle ville a jamais reçu les lois d'un Platon ou d'un Aristote, ou les préceptes d'un Socrate? Quelle idée a persuadé aux Décius de se vouer aux dieux mânes? Quel attrait a précipité Curtius dans l'abîme si ce n'est une vaine gloire, douce sirène, mais à coup sûr condamnée par nos sages? Quoi de plus sot, à leur dire, que de voir un candidat suppliant flatter le peuple, acheter sa faveur par des distri-

butions, rechercher les applaudiffements de tant d'imbéciles, fe complaire à des acclamations, fe faire porter en triomphe comme une image en fpectacle au peuple, fe guinder dans le Forum fous les dehors d'une ftatue d'airain? Ajoutez les titres, les furnoms, ajoutez les honneurs divins proftitués à cette petite créature humaine; ajoutez dans les cérémonies publiques l'apothéofe décernée même aux plus infâmes tyrans. Ce font pures folies, à la dérifion defquelles ne fuffirait pas un feul Démocrite. Qui peut le nier? De cette source sont nés les exploits des héros que tant d'hommes éloquents ont élevés jusqu'au ciel. C'est cette folie qui fait naître les villes ; c'est elle qui fait subsister les empires, la magistrature, la religion, les conseils, les tribunaux : la vie humaine, je ne crains pas de le dire, n'est qu'un jeu de la folie. Il en est de même des beaux-arts. Qu'est-ce qui a porté les hommes à imaginer tant de belles inventions pour les laisser à leurs descendants, si ce n'est la soif de la gloire ? Ces hommes vraiment fous ont cru que toutes ces veilles, toutes ces sueurs étaient le digne prix de la gloire, qui n'est au fond que la plus grande des chimères. Mais, pendant ce temps, c'est à la Folie que vous devez toutes les douceurs de la vie, & ce qu'il y a de plus doux au monde, la jouissance de la sottise d'autrui.

Après avoir donc revendiqué à mon honneur la vaillance & l'activité d'esprit, que dirait-on si je revendiquais la prudence ? C'est mêler l'eau & le feu, me répondra-t-on. Eh bien, je crois que je réussirais dans cette prétention si vous m'accordez comme auparavant la complaisance de vos oreilles.

Si la prudence consiste dans l'usage des choses, à qui revient l'honneur de ce surnom, au Sage qui n'entreprend rien en partie par vergogne, en partie par timidité, ou bien au sot qui n'est jamais détourné de rien par la vergogne qu'il ne connaît pas, ou par le péril qu'il ne fait point pefer? Le Sage fe confine dans les livres des anciens, & il va chercher de pures arguties de mots. Le Fou en effayant, en affrontant tous les dangers, acquiert, fi je ne me trompe, la vraie prudence. Homère, quoique aveugle, femble avoir vu tout cela quand il dit : « Le Fou a bien l'expérience du fait accompli. » En effet, deux chofes empêchent principalement l'homme de bien connaître les faits, la honte qui obfcurcit l'efprit de fumée & la crainte qui, en montrant le péril, détourne de l'action. La Folie délivre de ces fcrupules. Peu de gens comprennent à combien de profits mènent l'abfence de pudeur & l'audace effrénée. S'ils aiment mieux cette prudence qui fe fonde fur la faine appréciation des chofes, voyez, je vous prie, comme en font éloignés ceux qui fe vantent de la pofféder.

Et d'abord on fait que toutes les chofes humaines, comme les Silènes d'Alcibiade, ont deux vifages oppofés : à l'extérieur mortel, hideux, miférable, infâme, ignorant, débile, ignoble, morofe, hoftile, ennemi, nuifible; à l'intérieur, tout le contraire; ce dont vous vous apercevrez en ouvrant le Silène. Vous femble-t-il que je parle trop facilement, j'aurai recours, pour m'expliquer, à une Minerve de plus franche allure.

Pour tout le monde un monarque eft riche & puiffant. Mais fuppofez qu'il ne poffède aucun des biens de l'efprit, & que rien ne le contente, il fera pauvre entre les pauvres. S'il fe laiffe entraîner par les vices, il devient un vil efclave. Sur toute chofe on peut philofopher de la même façon. Mais cet exemple me fuffit. A quoi cela mène-t-il? dira-t-on. Attendez. Si quelqu'un fe jetait fur un comédien en fcène pour lui arracher fon mafque & montrer fon vifage réel aux fpeƈtateurs, ne troublerait-il pas toute l'économie de la pièce, & ne ferait-il pas digne d'être chaffé du théâtre à coups de pierres comme un furieux? Cependant la chute des mafques ferait voir un fpeƈtacle nouveau : la femme fe trouverait être un homme, l'éphèbe un vieillard, le roi un Dama, le dieu un homme de rien. Vouloir détromper les fpeƈtateurs, c'eft bouleverfer toute la repréfentation; les fpeƈtateurs fe plaifent à ce fard, à ces impoftures.

Qu'eft-ce d'ailleurs que la vie humaine? une comédie dans laquelle chacun joue fon rôle fous un mafque étranger jufqu'à ce que le chorége les retire de la fcène. Ce chorége fait fouvent paraître le même aƈteur en différents équipages : celui qui naguère avait repréfenté un roi chargé de pourpre fait maintenant un efclave en haillons. Fiƈtions fans doute, mais cette comédie ne fe joue pas autrement.

Suppofez un Sage tombé du Ciel, apparaiffant & fe mettant à crier : « Cet être que vous vénérez comme dieu & votre feigneur n'eft pas un homme; comme les bêtes, il eft guidé par fes paffions. C'eft un efclave de dernier ordre qui fert de nombreux maîtres & de bien vilains. » Suppofez encore que ce Sage confeille le rire à celui qui pleure la mort de fon père en lui difant que ce père a feulement ceffé de mourir, la vie n'étant qu'une mort continuelle. Admettez qu'il fe fâche contre tel autre glorieux de fa généalogie, & qu'il l'appelle roturier, bâtard, fous le prétexte qu'il s'eft éloigné de la vertu, fource unique de la nobleffe. Imaginez enfin qu'il parle à tout le monde fur le même ton : Qu'arrivera-t-il ? C'eft que chez tout le monde il paffera pour fou furieux. De même que rien n'eft plus fot qu'une fageffe à contre-temps, rien auffi n'eft plus imprudent qu'une prudence au rebours. Celui-là eft dans un grand travers qui ne s'accommode pas au temps préfent, & ne veut pas paraître fur le Forum, & ne fe reffouvient pas au moins de cette loi des banquets : « Bois ou va-t-en » & qui demande que la comédie ne foit plus comédie. Au contraire, il eft de la vraie prudence, puifque vous êtes homme tout comme les autres, de ne pas vouloir vous relever au-deffus de la condition humaine, mais de diffimuler avec la multitude ou de confentir à

vous tromper avec vos femblables. N'eft-ce pas de la folie ? dira-t-on. Pourquoi pas ? à la condition qu'on y voie l'intention de faire fon perfonnage dans la comédie du monde.

Au refte, dieux immortels, dois-je parler, dois-je me taire ? Mais pourquoi me taire ? Ce que je veux dire eft plus vrai que la vérité. Il conviendrait fans doute en pareil objet de faire defcendre de l'Hélicon les Mufes que fouvent les poëtes invoquent pour de minces bagatelles. Venez donc pour un moment, filles de Jupiter.

Je veux montrer que cette fameufe Sageffe, qu'on appelle la citadelle du bonheur, n'eft abordable que fous les aufpices de la Folie!

Je foutiens d'abord que toutes les paffions fe rapportent à la Folie; ne diftingue-t-on pas le fou du fage à ce que l'un eft guidé par la paffion, l'autre par la raifon : voilà pourquoi les Stoïciens écartent du fage toutes les paffions comme des maladies. Cependant ces paffions fervent de pédagogues à ceux qui veulent entrer hâtivement dans le port de la Sageffe ; ce font pour tous les offices de la vertu comme autant d'aiguillons & de ftimulants qui excitent à faire le bien. Et pourtant nous trouvons ici la proteftation de ce fieffé ftoïcien Sénèque qui retranche abfolument toute paffion au fage. Mais de cette façon il ne laiffe même pas fubfifter l'homme dont il nous fabrique comme un dieu de nouvelle efpèce qui n'a jamais exifté, qui jamais n'exiftera. A parler clair, c'eft un homme de marbre qu'il a érigé fous vos yeux, ftupide & dépourvu de tout fens humain. En conféquence, que ces ftoïciens jouiffent de leur fage & l'aiment fans rival, & demeurent avec lui foit dans la cité de Platon, ou, s'ils le préfèrent, dans la région des idées, ou bien encore dans les jardins de Tantale. Tout autre fe dépêcherait de fuir un pareil homme comme un monftre, comme un fpectre ; il le prendrait en horreur comme fourd à tous les fentiments de la nature, comme infenfible à toutes les paffions, à la pitié comme à l'amour, auffi bien qu'une pierre rigide ou qu'un rocher de Paros, incapable de rien laiffer échapper, de faire le moindre écart de fa route, lynx vraiment formé pour tout pénétrer, tout tirer au cordeau, toujours implacable, content uniquement de foi-même, le feul riche, le feul bien portant, le feul roi, le feul libre, fe croyant l'être unique en toute chofe, mais ne l'étant qu'à fon propre jugement. Pour des amis, il s'en foucie peu; lui-même n'eft l'ami de perfonne, il n'héfite même pas à traiter de haut les dieux & à condamner, à tourner en dérifion comme pure folie, tout ce qui fe fait en ce monde. Voilà pourtant l'animal qu'on nous donne pour le type du fage accompli. Et je vous le demande, fi la chofe fe décidait au vote, quelle cité voudrait d'un magiftrat de cette forte, quelle armée d'un tel général ? quelle femme d'un mari de cette efpèce ? quel maître de maifon d'un pareil convive ? quel efclave d'un maître ainfi conformé ? Mais qui ne préférerait le premier venu tiré de la plèbe la plus abjecte qui, étant fou, faurait ou commander ou obéir à des fous, qui fût du goût de fes femblables, c'eft-à-dire de la plupart des hommes, doux & honnête envers fa femme, agréable à fes amis, beau convive, commenfal accommodant, enfin ne regardant rien d'humain comme lui devant être étranger ? Mais j'en ai affez de ce miférable fage. Paffons donc aux autres avantages de la vie.

Si l'on regardait le genre humain comme d'un obfervatoire, ainfi que Jupiter le fait, ce dit-on, à combien de calamités trouvera-t-on la vie des hommes expofée & fujette ? Que de miferes, que d'ordures dès la naiffance ! que de peines dans leur éducation ! que de mauvais traitements attachés à l'enfance ! que de travaux pour la jeuneffe ! que de chagrins pour la vieilleffe ! quelle dure néceffité dans la mort ! enfin, pendant toute la vie, que de maladies les attaquent & que d'accidents les menacent ! & que d'incommodités pèfent fur eux ! rien qui ne foit mêlé de fiel. Je ne dénombrerai même pas les maux que l'homme caufe à l'homme, & qui font la pauvreté, la prifon, l'infamie, la honte, les tourments, les embûches, la trahifon, les outrages, les procès, les perfidies. Ce ferait vouloir compter le fable. Par quels crimes les hommes ont-ils mérité toutes ces difgrâces, quel divin courroux les a fait naître dans cet abîme de miferes ? ce n'eft pas à moi de vous le dire pour le moment. Mais, pour qui voudra examiner ce problème, certes, les filles miléfiennes ne feront pas à blâmer, encore que leur exemple foit bien douloureux.

Mais quels hommes ont avancé leur mort par dégoût de la vie ? N'étaient-ce pas les voisins de la Sageffe ? Pour ne rien dire des Diogène, des Xénocrate, des Caton, des Caffius, des Brutus, ce fameux Chiron, qui pouvait être immortel, de fon propre mouvement défira la mort. Vous voyez d'ici quelle ferait la durée du genre humain fi la Sageffe fe propageait; bientôt on aurait befoin d'une autre argile, d'un autre Prométhée. Mais je viens entretenir les hommes dans l'ignorance, dans l'infouciance, parfois dans l'oubli des maux, d'autres fois dans l'efpérance des biens ; je mêle aux voluptés quelque peu de mon miel, & j'allége ainfi leurs miferes. Auffi ne fe complaifent-ils pas à quitter la vie, même quand la trame des Parques eft terminée & que la vie les abandonne; moins ils ont fujet de refter en ce monde, plus ils s'attachent à la vie; tant s'en faut que le dégoût de l'exiftence les atteigne. C'eft bien à moi que l'on doit de voir des vieillards âgés comme Neftor & qui n'ont même plus apparence humaine, bégayant, radotant, édentés, chenus, chauves, ou, pour les décrire dans le ftyle d'Ariftophane, fordides, courbés, rugueux, glabres, la bouche vide, le menton défaillant, & qui pourtant font encore leurs délices de la vie, & qui jouent aux jeunes gens, au point l'un de teindre fa blanche chevelure, l'autre de diffimuler fa calvitie fous une

perruque, cet autre d'ufer de dents prifes peut-être à quelque pourceau, ce dernier de mourir d'amour pour une jeune fille & de dépaffer les jeunes gens par fes galantes inepties. Et l'on voit ces vieilles caboches, ces vieilles ruines prendre une jouvencelle pour femme, fans dot & deftinée à faire le plaifir des autres, & cela fi fréquemment qu'on en fait prefque un fujet de louanges. Mais voici un fpectacle plus divertiffant. Remarquez ces vieilles femmes à demi-mortes de décrépitude, tellement cadavéreufes qu'elles femblent revenir des enfers, & qui pourtant ont toujours à la bouche ces mots : « la lumière eft bonne », & qui font encore de vraies chèvres, & qui font les chèvres, comme difent les Grecs, & prennent à gages un Phaon quelconque. Les voyez-vous plâtrer leur vifage de fard, ne jamais quitter leur miroir, s'épiler, étaler des mamelles flétries & ridées, & par un gloussement tremblotant folliciter un défir qui languit, & boire à fréquentes reprifes, & fe mêler aux chœurs des jeunes filles & écrire des lettres d'amour. Tout le monde fe moque de ces vieilles qui font très-folles en vérité; mais elles ont leur propre approbation, & plongées dans les délices, tout imprégnées de miel, elles font heureufes par mes bienfaits.

Or, je demande à ceux qui les tournent en rifée s'il ne vaut pas mieux être fou & vivre dans les délices que d'aller chercher une poutre pour fe pendre. Cependant cette infamie que le vulgaire attache aux amours féniles caufe peu de fouci à mes Fous qui ne fentent pas ce mal, ou qui, s'ils le fentent, n'en tiennent pas compte. Qu'un rocher tombe fur la tête, voilà ce qui s'appelle un mal; mais la honte, l'infamie, les opprobres, les malédictions, tout cela ne bleffe qu'autant qu'on en fouffre. Là où il n'y a pas reffentiment, le mal n'exifte point. Qu'importe fi tout le public vous fiffle, pourvu

que vous vous applaudiffiez. Et c'eſt à la Folie que l'on doit ce réſultat. Mais je crois entendre ſe récrier les philoſophes : c'eſt miſère, diſent-ils, que d'appartenir à la Folie, en proie à l'erreur, à la déception, à l'ignorance; point du tout, c'eſt être homme. Je ne vois donc pas pourquoi vous traitez mes Fous de miſérables! N'êtes-vous pas nés, formés, élevés comme eux ? Croyez-moi, c'eſt le ſort commun de l'eſpèce.

Il n'y a rien de miſérable quand on reſte dans ſon état naturel, à moins que vous ne vouliez plaindre l'homme de ne pouvoir voler comme les oiseaux, marcher à quatre pattes avec les autres animaux, être orné de cornes comme les taureaux. Auſſi bien déclarerez-vous malheureux un beau cheval parce qu'il n'aura pas appris la grammaire & ne mangera point de gâteaux, malheureux un taureau parce qu'il eſt impropre à la paleſtre. Ainſi, comme un cheval ignorant de la grammaire n'eſt pas malheureux, de même le fou n'eſt point malheureux non plus, vu que la Folie lui eſt naturelle. Mais ces diſputeurs me pourſuivent. L'homme, diſent-ils, a le privilége de connaître les ſciences & les arts, & il s'en ſert pour ſuppléer par ſon eſprit au défaut de la nature. Comme s'il était vraiſemblable que la nature qui a veillé avec tant de ſollicitude ſur le moindre moucheron, ſur les herbes & ſur les fleurs, ſe ſoit endormie pour l'homme ſeul, comme s'il avait beſoin de ces arts que Theut, mauvais génie du genre humain, inventa pour ſa plus grande perte; arts qui ſont bien loin de contribuer à ſa félicité, car ils lui ſont vraiment nuiſibles, & c'eſt le ſeul bénéfice de leur invention, comme le dit à ce ſujet dans Platon ce roi ſi ſagace.

Les arts ſont entrés dans le monde avec les autres fléaux de la vie humaine, trouvés par ces auteurs d'où proviennent tous les maux : je veux dire les démons qui ont tiré leur nom de la fcience même. A l'abri de tout cela, dans l'âge d'or, vivait une race fimple qui ne connaiffait pas les arts & que guidait le feul inftinct de la nature. En effet, qu'était-il befoin de grammaire, quand tous avaient la même langue, & qu'on ne parlait que pour fe faire comprendre ? Quel befoin de la dialectique quand il n'y avait aucune difpute entre gens qui s'entendaient ? Quel befoin de la rhétorique, quand perfonne ne cherchait d'affaire aux autres ? A quoi bon la fcience des lois quand les mauvaifes mœurs étaient inconnues, qui fans aucun doute ont donné naiffance aux bonnes lois ? D'ailleurs, ces mortels primitifs étaient trop religieux pour vouloir fcruter avec une curiofité facrilége les arcanes de la nature, la mefure des aftres, leurs mouvements, leurs effets, les caufes myftérieufes des chofes ; ils croyaient qu'il n'était pas permis à l'homme de vouloir dépaffer fa condition par la fcience. Quant à la démence de rechercher ce qui eft au delà du Ciel, elle ne leur venait même pas à l'efprit.

Cependant l'innocence de l'âge d'or déclinant peu à peu, d'abord de mauvais génies inventèrent les arts, mais encore en petit nombre & admis par peu de gens. Mille autres furent plus tard trouvés par la fuperftition des Chaldéens & par l'oifive légèreté des Grecs, véritables fupplices pour les efprits, à tel point qu'une

seule grammaire suffit abondamment pour l'éternel tourment d'une vie entière. Pourtant, parmi tous ces objets d'étude, les plus appréciés sont ceux qui se rapprochent le plus du sens commun, c'est-à-dire de la Folie. Les théologiens crient famine, les physiciens meurent de froid, les astrologues sont tournés en dérision, on méprise les dialecticiens. Exceptons le médecin qui, à lui seul, en fait autant que les autres. Et encore dans cette profession, plus un homme est ignorant, hardi, téméraire, plus il est estimé des grands au beau collier. Cependant qu'eſt-ce que la médecine, ſurtout comme on l'exerce aujourd'hui, ſinon une dépendance de la flatterie, non moins aſſurément que la rhétorique.

Après les médecins viennent les légiſtes, & je ne ſais s'ils ne devraient pas marcher en premier : car ſans avoir à me prononcer moi-même, leur profeſſion eſt moquée de tous les philoſophes comme ſi c'était la ſcience des ânes. Et pourtant ce ſont ces ânes dont l'arbitrage décide les plus grandes & les plus petites affaires. Ce ſont eux qui accroiſſent les propriétés territoriales, tandis que le théologien, ayant retourné la divinité dans tous les ſens, eſt réduit à manger des lupins & à faire aux punaiſes & à la vermine une guerre aſſidue.

Bienheureux donc les arts qui ont plus de rapport avec la Folie ! Heureux encore plus ceux qui ont jugé à propos de s'abſtenir de tout commerce avec les ſciences & de ſuivre uniquement pour guide la nature qui n'eſt défectueuſe en rien, à moins que nous ne voulions franchir l'enceinte de la deſtinée humaine. La nature hait le fard, & tout ce qu'elle produit ſans artifice vient le plus heureuſement. Ne voyez-vous pas, que parmi toutes les eſpèces d'animaux, celles-là ſont les plus heureuſes qui vivent ſans être ſoumiſes à aucune diſcipline, ſans avoir d'autre maître que la nature ? Qu'y a-t-il de plus heureux ou de plus admirable que les abeilles ? Elles ne poffèdent même pas tous les fens du corps. L'architecture a-t-elle rien trouvé d'analogue à leur art de conftruire ? Et quel philofophe a jamais établi une république auffi bien ordonnée ? Le cheval, au contraire, participant des fens de l'homme & vivant dans fa fociété, le cheval prend auffi fa part des mifères humaines. En effet, fenfible à la honte d'être vaincu dans une bataille, il bat des flancs & cherche le triomphe; il eft frappé & avec fon cavalier mord la pouffière. Je ne rappellerai pas les mors les plus raides, les éperons pointus, la prifon de l'écurie, les fouets, les bâtons, les liens, le cavalier, en un mot toute cette tragédie de la fervitude à laquelle il s'eft fpontanément foumis, voulant imiter les grands perfonnages & fe venger plus fûrement de fon ennemi. Combien préférable l'exiftence des mouches & des petits oifeaux qui vivent facilement d'après l'inftinct de la nature, autant que le permettent les embûches des hommes. Si jamais enfermés en cage les oifeaux s'habituent au langage humain, on ne faurait croire combien ils perdent de leurs dons matériels : tellement ce qui provient de la nature eft fupérieur de toute façon à ce que l'art eft venu farder.

Ainfi je ne louerai jamais affez ce Pythagore métamorphofé en coq : à lui feul il avait été

toutes chofes, philofophe, homme, femme, roi, fimple particulier, poiffon, cheval, grenouille, je crois même éponge, & pourtant il déclara l'homme le plus malheureux des animaux; fans doute parce que tous les autres êtres fe contentaient de leurs limites naturelles, tandis que l'homme feul effayait de franchir les bornes de fa condition. D'ailleurs, entre les hommes il préférait de beaucoup les fimples aux doctes & aux grands. Et ce fameux Gryllus ne fut-il pas plus fage qu'Ulyffe fertile en rufes quand il aima mieux grogner dans une auge que de retourner avec fon chef s'expofer à tant de miféres ? Homère me paraît dans le même efprit : en effet, cet inventeur des fables qui appelle tous les hommes miférables ou malheureux, fouvent défigné du terme d'infortuné fon Ulyffe dont il a fait le modèle du Sage ! Jamais il ne nomme ainfi Pâris ou bien Ajax, ou même Achille. Et pourquoi ? C'eft que ce fubtil artifan de rufes ne faifait rien fans le confeil de Pallas, & qu'il était trop fage, trop éloigné de l'infpiration de la nature ?

Ainfi parmi les mortels, les plus loin du bonheur font ceux qui s'adonnent à la fageffe, doublement Fous, d'abord parce qu'ils font hommes & qu'ils oublient pourtant leur condition, en imitant la vie des dieux, & qu'à l'exemple des géants ils font la guerre à la nature avec les machines de la Science. Auffi les moins miférables, à mon avis, font bien ceux qui fe rapprochent le plus de l'intelligence des bêtes & de leur folie, & qui ne font rien au delà de l'homme. Faifons-en l'expérience non avec le raifonnement des ftoïciens, mais à l'aide d'un exemple quelconque. Par les dieux immortels ! eft-il rien de plus heureux que ces hommes ordinairement appelés fous, infenfés, fats, infipides, beaux furnoms à mon avis ? Je dirai une chofe, à première vue ridicule & abfurde, mais cependant vraie entre toutes : d'abord les Fous font exempts de la crainte de la mort, ce qui n'eft point un mal médiocre, ils font exempts auffi des tortures de la confcience; ils ne font pas effrayés par les contes de revenants; ils ne redoutent point les fpectres & les lémures; ils ne font point tourmentés par la crainte des maux imminents; ils ne font point tenus en fufpens par l'efpérance des biens futurs. En fomme, ils ne font pas déchirés par les mille foucis auxquels cette vie eft en proie. Ils ne connaiffent ni la honte, ni la crainte, ni l'intrigue, ni l'envie, ni l'amour. Enfin, ils fe rapprochent encore plus de la ftupidité des brutes, ils ne péchent même pas, d'après l'autorité des théologiens. Je voudrais te voir pefer, ô fage infenfé, tous les foucis qui nuit & jour déchirent ton efprit; mets en un feul tas tous les défagréments de ta vie, & alors feulement tu comprendras à combien de maux j'ai fouftrait ma clientèle. Ajoute que les Fous non-feulement font toujours à fe réjouir, à jouer, à chantonner, à rire; de quelque côté qu'ils fe tournent, ils apportent avec eux la volupté, le badinage, le jeu, le rire, comme fi l'indulgence des dieux leur avait donné la miffion d'égayer la trifteffe de la vie humaine. Il en réfulte que, fi les hommes ont les uns pour les autres des fentiments bien divers, quand il s'agit des Fous, ils les reconnaiffent tous également pour leur appartenir, ils les recherchent, ils les cultivent, ils les embraffent, ils les fecourent en cas d'accident ; bref, ils leur permettent de tout dire, de tout faire. Perfonne ne cherche à leur nuire, fi bien que les bêtes fauves elles-mêmes s'abftiennent de leur porter atteinte, comme par un fentiment naturel de l'innocence. Ils font en effet facrés aux dieux, à moi furtout, & c'eft bien pour cela qu'on leur rend un légitime honneur.

Ne voyez-vous pas mes Fous être chers aux plus grands rois, de telle façon que certains princes ne peuvent fans eux ni prendre leurs repas, ni marcher, ni même vivre une heure ? Ils ne font pas longtemps à préférer leurs foi-difant infipides à ces Sages morofes auxquels ils accordent pourtant une part de leurs faveurs. D'où cette préférence ? la chofe ne me paraît ni obfcure, ni étonnante : ces Sages, en effet, ne préfentent rien que de trifte aux regards des princes, &, forts de leur doctrine, ils ne craignent pas d'égratigner ces tendres oreilles des grands avec une vérité mordante ; les Fous, au contraire, donnent aux rois les feules chofes qu'ils défirent, les jeux, les ris, les faillies, les tranfports d'hilarité. Notez, en paffant, ce privilége des bouffons, privilége qui n'eft pas à dédaigner, d'être les feuls à ufer de franchife & à pouvoir dire le vrai. Or, quoi de plus efti-

mable que le vrai ? Bien qu'un proverbe d'Alcibiade, dans Platon, attribue la vérité au vin, cependant toute cette gloire m'eſt due particulièrement, même au témoignage d'Euripide, dont il nous reſte ce célèbre dicton : « Ce fou dit des choſes folles ! » Tout ce que le Fou peut avoir dans le cœur, il l'exprime ſur le viſage & il le découvre par ſes paroles. Mais les Sages ont deux langues, au ſentiment du même Euripide : l'une dit le vrai, l'autre ne dit que les choſes qu'ils jugent convenables & opportunes. C'eſt leur office de tourner le noir en blanc, & avec la même bouche de fouffler le chaud & le froid, & d'avoir une penfée dans le cœur, une autre fur les lèvres.

Auffi bien, au fein d'un fi grand bonheur, que ces princes me paraiffent malheureux ! Ils ne favent d'où entendre la vérité; ils font forcés d'avoir des flatteurs pour amis. Mais me dira-t-on, les oreilles princières abhorrent la vérité; & c'eft pour cette caufe qu'ils fuient les fages, dans la crainte de trouver un homme trop indépendant qui leur dife le vrai plutôt que l'agréable. Les chofes font pourtant ainfi : la vérité eft odieufe aux rois. Mais auffi c'eft bien l'habitude & l'honneur de mes Fous de faire entendre aux princes non-feulement la vérité, mais les paroles les plus offenfantes, au grand plaifir de ces derniers. Si bien que les mêmes paroles, qui, partant de la bouche d'un philofophe, feraient un crime capital, venant d'un bouffon engendrent un incroyable plaifir. C'eft que la vérité a le don de charmer, quand il ne s'y mêle rien qui bleffe. Mais ce don n'eft accordé par les dieux qu'aux feuls Fous. C'eft pour les mêmes caufes que les femmes fe plaifent particulièrement avec cette efpèce d'hommes, vu qu'ils font de nature très-enclins aux bagatelles & au plaifir aimable. Auffi tout ce qu'elles font avec de pareilles gens, fût-ce même un peu trop

férieux, elles l'interprètent comme paffe-temps, comme badinage; car ce fexe eft fort ingénieux, furtout pour couvrir fes petites efcapades.

Ainfi, pour revenir au bonheur des Fous, c'eft avec beaucoup d'agrément qu'ils paffent leur vie, fans crainte de la mort, fans même la fentir; ils vont d'ici tout droit aux champs Elyfiens pour y divertir par leurs gentilleffes le loifir des âmes pieufes. Et maintenant comparons la deftinée de n'importe quel fage avec le fort de ce bouffon. Imaginez un modèle de sagesse à lui opposer, un homme qui a passé dans l'étude approfondie toute son enfance, toute son adolescence, & qui a perdu la meilleure partie de son existence dans les veilles, les soucis, les labeurs, & qui, dans tout le reste de sa vie, n'a pas même goûté à la coupe de la volupté, toujours économe, pauvre, triste, farouche, inique & dur pour lui-même, fâcheux & odieux aux autres, accablé de pâleur, de maigreur, d'infirmités, de chassies, vieux & chauve bien avant le temps, & mort avant d'avoir quitté la vie. En effet, qu'importe l'époque de la mort pour cet homme qui n'a jamais vécu ? Vous avez là un beau type du Sage.

Mais voici les grenouilles du portique toutes à glapir après moi. Rien de plus malheureux que la fureur, si on les écoutait. Une insigne folie serait voisine de la fureur ou la fureur elle-même. Qu'est-ce en effet d'être furieux sinon d'avoir l'esprit de travers ? Mais ce sont ces stoïciens qui mettent tout de travers. Détruisons leur syllogisme avec l'aide des Muses. Socrate nous apprend, par l'intermédiaire de Platon, qu'on distinguait autrefois deux Vénus & deux Cupidons; de même il convenait à ces dialecticiens de distinguer la fureur de la fureur s'ils voulaient passer eux-mêmes pour des gens sensés. En effet, toute fureur n'est pas malheureuse; autrement Horace n'aurait pas dit :

« Quelle eſt cette aimable fureur qui ſe joue de moi ? » Platon n'eût pas compté parmi les premiers biens de la vie la fureur des poëtes, des devins & des amants, & la Sibylle n'eût pas qualifié de furieux les travaux d'Énée. C'eſt qu'il y a deux genres de fureur : l'une qui vient des enfers & que nous envoient les terribles vengereſſes, toutes les fois que déchaînant leurs ſerpents, elles lancent dans le cœur de l'homme ou l'ardeur guerrière, ou la ſoif inſatiable de l'or, ou une paſſion déshonorante & coupable, ou le parricide, ou l'inceſte, ou le ſacrilége, ou toute autre peſte du même genre, ou qu'avec leurs torches elles pourſuivent l'eſprit criminel & tourmenté par le remords.

Mais il eſt une toute autre fureur qui vient de moi, & que les hommes devraient avant tout ſouhaiter. Elle ſe produit toutes les fois qu'une douce erreur de l'eſprit nous délivre de ſoins anxieux & nous enchante de nombreuſes voluptés. Auſſi bien dans une de ſes lettres à Atticus, Cicéron invoqua cette erreur de l'eſprit comme le grand bienfait des dieux qui le pourrait rendre inſenſible à tous ſes maux. Il ne penſait pas autrement, cet Argien qui pouſſait ſi loin cette aimable fureur que tous les jours il allait au théâtre, où il s'aſſeyait tout ſeul, riant, applaudiſſant, donnant les ſignes de la joie, croyant qu'on y jouait d'étonnantes tragédies quand on n'y jouait rien du tout, & d'ailleurs dans tous les autres offices de la vie, honnête homme à la façon commune, bon ami, mari complaifant, maître indulgent pour fes efclaves, incapable de s'emporter pour un cachet rompu mal à propos. Ses parents, à force de drogues, le guérirent de fa maladie; revenu au bon fens, il apoftrophe fes amis de cette manière : « Qu'avez-vous fait ? vous m'avez tué, vous ne m'avez pas fauvé certes en m'enlevant cette voluptueufe illufion, en m'arrachant de force la délicieufe erreur de mon imagination ! » Et cet homme avait cent fois raifon. Les vrais Fous, les gens à qui l'ellébore faifait le plus befoin, c'était bien ceux qui chaffaient à grand renfort de potions une fi heureufe, une fi agréable fureur.

D'ailleurs, il eft un point que je n'ai pas encore réfolu : Doit-on gratifier du nom de folie toute efpèce d'erreur des fens ou de l'intelligence ? Si quelqu'un ayant mauvaife vue prend un mulet pour un âne, fi quelqu'un admire des vers mal faits comme une œuvre favante, il nous paraîtra vraiment fou. Si, de même, un homme eft victime d'une erreur non plus des fens mais de l'intelligence, erreur continuelle & contraire à toutes les idées reçues, il paraîtra petit-coufin de la Folie : tel celui qui, en entendant un âne braire, s'imaginerait ouïr d'admirables fymphoniftes, ou bien un pauvre de basse extraction qui se croirait Crésus, roi de Lydie. Mais pour ce genre de folie, si d'ordinaire il tend à la volupté, il ne cause pas un médiocre agrément à ceux qui y sont sujets, à ceux aussi qui en sont témoins, & pourtant leur folie n'est pas la même. En effet, cette sorte de délire est bien plus répandue que le vulgaire ne l'estime. Le Fou se moque du Fou ; ils s'administrent un divertissement réciproque, & même il n'est pas rare de voir le plus fou des deux rire le plus franchement. Il n'en est que plus heureux, étant plus insensé, pourvu qu'il s'attache au genre de folie qui nous est propre, genre si vaste d'ailleurs que je ne sais pas si dans toute l'espèce humaine on peut trouver un homme sage à toute heure & sur qui la folie n'ait quelque prise.

Où est la nuance ? Celui qui, voyant une citrouille, s'imagine voir une femme, est traité de fou, parce que cette erreur n'est pas fréquente. Mais celui qui, partageant sa femme avec le genre humain, se figure être l'époux d'une triple Pénélope, & s'applaudit de son sort, heureux de son illusion, alors personne ne l'appelle fou, sans doute parce que cette illusion n'est pas rare chez les maris. Il faut mettre dans la même catégorie ceux qui méprisent tout en dehors de la chasse & disent ressentir une incroyable volupté quand ils entendent le son affreux des cors ou les jappements des chiens. Même quand ils fentent l'odeur des excréments de ces bêtes, ils croient flairer de la cinnamome. Et quelles délices pour eux quand ils affiftent à la curée des fauves ! On laiffe à la canaille les bœufs & les moutons à déchirer ; les bêtes fauvages à dépecer font morceaux de nobles. Voyez ce chaffeur qui, tête nue, genoux en terre, prend un glaive deftiné pour cet office, & avec des geftes déterminés, dans un ordre prefcrit, tranche des membres défignés comme s'il s'agiffait d'un rite. Ainfi que pour une cérémonie nouvelle & facrée, la troupe filencieufe & attentive l'entoure en l'admirant, & pourtant elle a vu plus de mille fois ce fpectacle. Celui qui a la bonne fortune de goûter à cette proie s'en tient honoré comme d'un quartier de nobleffe. Auffi tous ces chaffeurs, bien qu'ils tirent pour tout avantage de cette pourfuite affidue des bêtes fauves, de devenir fauves eux-mêmes, fe figurent mener une vie royale.

Je leur affimilerais volontiers ces bâtiffeurs enragés qui fans ceffe paffent du rond au carré ou du carré au rond. Aucune trêve, aucune limite à leur manie, jufqu'à ce qu'ils foient réduits à la dernière détreffe & qu'il ne leur refte plus ni toit pour les loger ni pain pour les nourrir. Qu'ont-ils donc gagné ? finon d'avoir paffé quelques années dans les plus vives délices.

J'en rapprocherais volontiers ces alchimistes qui, toujours pleins de nouveaux secrets, ne visent qu'à confondre & mêler les espèces, & sont comme à l'affût, & sur terre & sur mer, d'une quintessence chimérique. L'espoir emmiellé les capte si doucement que rien ne les rebute, travaux, dépenses, merveilleuses inventions, pour aboutir à se tromper, à se créer une aimable imposture, jusqu'au moment où, tout étant consumé, ils n'ont plus même de quoi se dresser un petit fourneau. Ils ne cessent pas pourtant de songer leurs songes flatteurs & d'exciter les autres à la poursuite des mêmes félicités. Ont-ils perdu toute espérance, il leur reste cette pensée consolatrice qu'avoir rêvé le grand est déjà une satisfaction. Ce qu'ils accusent, c'est la brièveté de la vie comme insuffisante pour la grandeur de leur entreprise.

Venons aux joueurs de profession : j'hésite quelque peu à les faire entrer dans ma confrérie. Mais pourtant le spectacle qu'ils donnent est plein de déraison & de folie, toutes les fois que nous les voyons tellement attachés à leur jeu qu'à peine ont-ils entendu le bruit des dés, ils sentent leur cœur bondir & palpiter. Ensuite, comme dans l'espérance continue de gagner ils perdent tous leurs biens, ainsi qu'en un naufrage où leur vaisseau vient se briser sur l'écueil du jeu, écueil plus formidable que Malée, & que

de ce naufrage ils fe font échappés à peine & tout nus encore, ils aiment mieux frauder avec qui que ce foit qu'avec leur gagnant, pour ne pas paffer pour des gens fans foi.

Et que dirai-je de ces vieillards qui prefque aveugles jouent encore avec des lunettes ? qu'une bonne goutte leur brife les doigts, ils loueront un remplaçant jetant pour eux les dés fur la tour. Charmant exercice, fi ce n'eft qu'un tel jeu a coutume de dégénérer en rage, & par là relève des Furies & non de ma dépendance.

Je ramènerais à la même farine tous ceux qui fe plaifent aux inventions fabuleufes, aux prodigieux menfonges, foit pour les ouïr, foit pour les raconter, & qui ne fe raffafient jamais de pareilles fauffetés, telles que fpectres, lémures, larves, enfers, & autres vifions du même genre; plus toutes ces chofes font éloignées de la vérité, plus ils y croient avec complaifance, & en flattant leurs propres oreilles comme d'un doux chatouillement. Cependant toutes ces balivernes ne fervent pas feulement à diftraire leurs ennuis, elles tendent à des profits très-matériels, furtout avec l'aide & des facrificateurs & des fermonnaires.

Autres fuperftitieux encore ceux qui fe mettent en tête telle croyance infenfée mais qui les enchante! Si par exemple ils ont pu voir une image peinte ou une ftatue de bois de leur faint Chriftophe, affez femblable à Polyphème, ils comptent bien ne point périr ce jour-là : le foldat qui invoque fainte Barbe avec des paroles rituelles doit revenir fain & fauf de la guerre; fupplie-t-on Erafme de la même façon, à des jours fixes, avec des prières déterminées, on s'imagine devenir riche à courte échéance. Ils ont trouvé dans faint Georges un Hercule, un autre Hippolyte. Voyez-les adorer, ou peu s'en faut, le cheval du faint pieufement orné de colliers & de boutons, s'acquérir auprès de lui fans

cesse de nouveaux mérites par de petits présents, jurer par son casque, ce qui pour eux est un serment souverain. Passerai-je sous silence ces gens qui se contentent avec des fausses rémissions de leurs crimes & mesurent comme à la clepsydre les espaces du Purgatoire, sa durée en siècles, en années, en mois, en jours, en heures, comme sur une table de géométrie, sans laisser aucune erreur de calcul? Omettrai-je ceux qui, s'appuyant sur des petites marques de dévotion, des formules de prières, qu'un pieux imposteur a inventées comme des pratiques de magie, soit par extravagance, soit par représentation, se promettent tout en ce monde, richesses, honneurs, plaisirs, satisfactions sensuelles, bonne & constante santé, longue vie, verte vieillesse, enfin séjour céleste auprès du Christ? Encore ne veulent-ils obtenir ce séjour que le plus tard possible, c'est-à-dire quand les délices de cette vie à leur grand regret & malgré leur acharnée résistance les auront quittés; car c'est alors seulement qu'ils veulent voir arriver les délices du Ciel.

Ainsi, grâce à ces indulgences, un trafiquant, un soldat, un juge n'ont qu'à jeter un denier, pris sur tant de rapines, & ils s'imagineront avoir purgé le marais de Lerne de leur vie, & ils croiront que tant de parjures, de débauches, d'ivrogneries, de rixes, de meurtres, d'impostures, de perfidies, de trahisons peuvent être rachetés, comme dans une stipulation, & tellement rachetés qu'il leur est permis de recommencer une nouvelle période de crimes. Qu'y a-t-il de plus fou, par suite de plus fortuné, que ces dévots qui se figurent, en répétant tous les jours sept versets des Psaumes, s'assurer la suprême béatitude? Et pourtant ces versets magiques, c'est un démon qui les a inventés, démon spirituel, mais plus présomptueux que fin; car il les indiqua, dit-on, à saint Bernard,

dans lequel il trouva son maître. Ce sont bien de grandes folies, de si grandes, que j'en rougis presque, & pourtant elles ont l'approbation, non pas seulement du vulgaire, mais des professeurs en religion.

Puisque nous en sommes sur ce point, chaque région n'invoque-t-elle pas son patron, son saint particulier? à chacun des bienheureux on attribue des fonctions spéciales : l'un guérit du mal de dents, l'autre assiste les femmes en couches, cet autre fait recouvrer ce qu'on a volé, tel autre sauve du naufrage ou protége les troupeaux. De même pour tout le reste, car l'énumération en serait trop longue. Il y a des saints dont le crédit a plus de valeur, principalement la Vierge, mère de Dieu, à qui le vulgaire attribue plus de puissance qu'à son Fils. Or, ce que demandent ces hommes aux saints, n'est-il pas aussi du ressort de la Folie? Songez-y, parmi tant d'ex-voto dont vous voyez remplis les murs des temples & leur voûte même, a-t-on jamais vu un témoignage d'une guérison de la folie, de la métamorphose d'un insensé en sage? L'un s'est échappé à la nage; l'autre a survécu à la rage d'un ennemi; tel autre, au milieu du combat, dans le fort de la mêlée, a pu s'enfuir avec autant de bonheur que de courage. Celui-ci, mis en croix, a été détaché de la potence par la faveur d'un saint ami des larrons, & a pu recommencer à soulager les gens trop surchargés de richesses. Celui-là s'est évadé après avoir rompu sa prison. Un autre, au grand courroux du médecin, est revenu de sa fièvre. L'un a trouvé dans le poison un remède & non la mort, au vif déplaisir de sa femme, qui voit sa peine & ses frais perdus; l'autre, malgré sa voiture versée, a ramené ses chevaux sans atteinte; celui-ci, écrasé sous des ruines, a survécu à un tel accident; celui-là enfin, pris sur le fait par un mari, a pu s'en tirer.

Perfonne, vous le comprenez, ne fait d'actions de grâces pour la délivrance de la folie. Il eft fi doux d'être fou, que les mortels éloignent de leurs vœux toutes les autres conditions plutôt que la folie même; mais, vais-je m'aventurer fur cette mer de fuperftition? Non! quand j'aurais cent langues, cent bouches, une voix de fer, je ne faurais dérouler toutes les efpèces de la fottife, dénombrer tous les noms de la Folie : tant le chriftianifme eft altéré par ces extravagances ; néanmoins le clergé n'a pas honte de les admettre & de les entretenir, n'ignorant pas combien fes gains en font accrus.

Cependant, fi quelque fage odieux fe levait & fe mettait à dire: «Vous ferez une bonne fin à condition que vous commencerez par bien vivre. Vous racheterez vos péchés en ajoutant à votre pièce de monnaie la haine fincère de vos fautes, les larmes, les veilles, les prières, les jeûnes &, en un mot, la converfion. Vous n'obtiendrez les faveurs de tel ou tel faint qu'en imitant fa vie. » Si ce moralifte faifait entendre un femblable langage, voyez de quel état heureux il tirerait les mortels, pour les ramener au trouble & au chagrin !

Je réclame pour la confrérie des fous ceux qui, de leur vivant, fe ménagent une pompe funèbre, qui même y mettent tant de minutie qu'ils en infcrivent nominativement toutes les torches, tous les gens en noir, tous les chantres, tous les acteurs gagés du deuil qu'ils veulent à leurs funérailles, comme s'ils devaient avoir quelque fatisfaction perfonnelle de ce fpectacle, ou, après leur mort, rougir de ce qui pourrait manquer en magnificence à leur enfouiffement; ils y donnent autant de foins que s'ils avaient en qualité d'édiles à difpofer des jeux publics ou un banquet. Malgré mon défir de me hâter, je ne puis cependant paffer fous filence ces gens qui, ne différant en rien

du plus vil artifan, fe flattent prodigieufement d'un vain titre de noblesse. L'un rapporte fa race à Enée, l'autre à Brutus, cet autre à Arthur. De toutes parts, ils montrent des images d'ancêtres peintes & fculptées. Ils comptent leurs aïeux & leurs bifaïeux, & ils rappellent des noms antiques, lorfqu'eux-mêmes ne diffèrent pas beaucoup d'une ftatue muette, prefque inférieurs à ces images qu'ils étalent. Et pourtant, au gré de ce doux amour-propre (Philautia), ils mènent une vie heureufe, & les fous ne manquent pas qui regardent ces animaux comme des dieux. Mais que parlerai-je de telle ou telle espèce d'insensés, quand partout cette Philautia propage le bonheur? quand celui-ci, plus hideux qu'un singe, se fait à lui-même l'effet d'un Nirée; quand cet autre, pouvant à peine tracer trois lignes avec un compas, s'imagine être un Euclide? C'est toujours l'histoire de l'âne près de la lyre. Et voyez cet autre, il chante aussi mal que le coq & se croit pourtant un nouvel Hermogène. Mais il existe un genre beaucoup plus doux de fureur dont quelques-uns sont atteints; il consiste à s'attribuer, comme de son propre domaine, les qualités des gens qui vous entourent. Tel, dans Sénèque, ce riche deux fois heureux qui, pour raconter une histoire quelconque, avait sous la main des esclaves chargés de lui indiquer les noms; qui était prêt à en venir au pugilat, homme d'ailleurs tellement faible, qu'il avait à peine le souffle & se reposait sur la force des serviteurs qui remplissaient sa maison.

Faut-il ici rappeler les adeptes des arts? ce sont les privilégiés de Philautia, à tel point que tu les verras disposés à céder sur leur patrimoine plutôt que sur leur esprit. Les comédiens surtout, les chanteurs, les orateurs, les poëtes, plus ils sont malhabiles, plus ils se figurent exceller dans leur art, plus ils se vantent, plus ils

s'enflent. Et ils trouvent leurs complaisants : plus un homme est inepte, plus il a d'admirateurs; pas de sottise qui n'ait beaucoup d'adhérents; car la plus grande partie des hommes est vouée à la Folie. Ainsi les plus incapables sont les plus contents d'eux-mêmes & les plus admirés; qui donc préférera le vrai mérite, lequel coûte cher puisqu'il rend fâcheux & timide & qu'il ne plaît qu'à un petit nombre d'hommes?

La nature, je le vois bien, a comme implanté sa Philautia chez tous les hommes, tous les peuples, dans toutes les cités. Il en résulte que les Anglais recherchent par-dessus tout la beauté, la musique, la bonne chère; les Écossais la noblesse, la parenté royale & les arguties dialectiques; que les Français s'attribuent la civilité; les Parisiens, presque au détriment du reste, la science théologique; que les Italiens revendiquent la gloire des lettres & de l'éloquence, & que tous se payent de ce mot qu'ils sont les seuls mortels à ne pas être barbares. En ce genre de satisfaction, les Romains sont les plus avancés, qui continuent avec béatitude le songe de l'ancienne Rome. Les Vénitiens s'enchantent de l'opinion qu'ils ont de leur noblesse. Les Grecs, à qui la civilisation doit son origine, se réclament des héros, leurs ancêtres. Les Turcs, ce ramas de barbares, prétendent bien à la vraie religion, & se raillent des chrétiens superstitieux. C'est avec de plus grandes délices que les Juifs s'obstinent à attendre leur Messie & tiennent avec acharnement à leur Moïse aujourd'hui même. Les Espagnols ne concèdent à personne la gloire des armes; les Germains se font honneur de leur stature & de leur science magique. Et pour m'arrêter là, vous voyez suffisamment combien la Philautia fait naître de délices chez tous les mortels.

La Complaisance (*assentatio*) est sa bonne sœur. En effet, avec Philautia, on se flatte soi-

même. Flattez un autre, & voici Kolakia qui vient à la refcouffe. Mais, dira-t-on, la Flatterie eft décriée? foit, chez ceux qui tiennent aux mots plutôt qu'aux chofes. Ils imaginent que la Flatterie & la bonne foi ne peuvent exifter enfemble! or il en eft tout autrement, & l'exemple des brutes fuffit à le prouver. Quoi de plus flatteur que le chien? & en même temps de plus fidèle? quoi de plus careffant que l'écureuil apprivoifé? en eft-il moins ami de l'homme? A moins que vous ne vouliez rapporter davantage à la nature humaine les lions farouches, les tigres cruels, les furieux léopards. Je fais bien qu'il eſt une mauvaiſe Flatterie par laquelle les perfides, les moqueurs attirent des malheureux à leur ruine. Mais ce n'eſt pas ma Flatterie à moi; la mienne dérive d'un eſprit bienveillant & candide; elle eſt bien plus voiſine de la vertu que cette âpreté qu'on lui oppoſe, cette humeur moroſe & fâcheuſe, hoſtile à l'harmonie. Ma Flatterie relève les découragés, égaie les mélancoliques, ſtimule les pareſſeux, réveille les ſtupides, ſoulage les malades, adoucit les farouches, rapproche les amoureux & les retient unis. Ma Flatterie attire les enfants à l'étude des lettres, met l'hilarité chez les vieillards, inſtruit & enſeigne les princes ſous les couleurs de la louange & ſans les offenſer. En ſomme, elle rend chacun plus ſatisfait, plus content de lui-même, ce qui eſt une partie & la principale du vrai bonheur; qu'y a-t-il en effet de plus officieux que de voir les mulets ſe gratter mutuellement? Je ne voudrais pas dire que c'eſt là que réſide la plus grande part de cette fameuſe éloquence, & de la médecine, & de la poéſie, que c'eſt enfin le miel & le condiment de toute la vie humaine. Mais il eſt malheureux d'être trompé, dira-t-on. Il eſt encore plus malheureux de n'être pas trompé. Ceux-là ſont inſenſés qui mettent le bonheur de l'homme

dans les chofes mêmes, tandis que ce bonheur réfide dans l'opinion, car il y a une telle obfcurité, une telle variété dans les chofes humaines, qu'on ne peut rien favoir clairement, comme il a été fort bien dit par les gens de l'Académie, mes mignons, & certes les moins hautains des philofophes. S'il y a des chofes qu'on parvienne à favoir, quel trouble dans la douceur de la vie ! Enfin, l'homme a été ainfi formé qu'il fe plaît au menfonge beaucoup plus qu'à la vérité. Si l'on en voulait avoir une expérience fenfible, inconteſtable, allez à l'égliſe, au ſermon ; le ſermon eſt-il ſérieux, tous de dormir, de bailler, d'avoir la nauſée. Suppoſez que le crieur, pardon, je voulais dire le déclamateur, commence quelque conte de vieille femme, comme il arrive ſouvent ; tous les auditeurs ſe réveillent, ſe relèvent, ont la bouche béante ; de même s'il s'agit de quelque ſaint fabuleux & poétique, comme ſaint Georges, ſaint Chriſtophe, ſainte Barbe, vous trouverez une bien autre dévotion que pour fêter ſaint Pierre, ſaint Paul ou même le Chriſt. Mais il ne s'agit pas de cela. Dites-vous que ce bonheur imaginaire eſt à bon marché.

Que de peine il faut ſe donner pour obtenir les choſes, même les moindres, telles que la grammaire, tandis qu'on prend ſans effort l'opinion qui a autant & plus de relation avec le bonheur. En effet, ſuppoſez qu'un homme ſe nourriſſe de ſalaiſons pourries dont tout autre ne pourra ſupporter l'odeur, & qu'il y trouve le goût de l'ambroiſie, quelle différence entre ſon repas & celui des Olympiens ? Que cet autre ait pour femme un franc laideron qui lui paraiſſe une autre Vénus, n'eſt-ce pas comme s'il avait épouſé une beauté ? que cet autre poſſède une toile barbouillée & ſalie : s'il la contemple, s'il l'admire, s'il eſt perſuadé tenir en ſa poſſeſſion une peinture d'Apelle ou de

Zeuxis, ne fera-t-il pas plus heureux que celui qui aura acheté gros le travail de ces grands artiftes, deftiné peut-être à goûter moins de plaifir dans ce fpectacle.

J'ai connu un individu qui portait mon nom, lequel à fa nouvelle époufe fit préfent de perles fauffes, lui faifant accroire, comme il était badin & difert, que non-feulement ces perles étaient vraies & naturelles, mais encore d'un prix rare & ineftimable. Je vous le demande, quelle différence y avait-il pour la jeune femme quand elle avait autant de plaifir à repaître fes yeux & fon efprit de ces morceaux de verre, quand elle confervait précieufement ces riens comme un véritable tréfor? Le mari cependant évitait les frais & jouiffait de l'erreur de fon époufe qu'il s'était attachée auffi bien que par un préfent très-coûteux. Prenons pour exemple les hôtes de la caverne de Platon : ils admirent les ombres & les fimulacres, fans rien demander de plus; ils n'en font pas moins contents : en quoi diffèrent-ils du philofophe qui, en dehors de la caverne, voit la vérité? Prenez le Mycille de Lucien; s'il lui eût été permis de prolonger fon rêve opulent, fon rêve doré, aurait-il pu fouhaiter une félicité plus parfaite? Pas de différence donc entre les Fous & les Sages, ou, s'il en exifte une, elle eft à l'avantage des Fous, d'abord parce que leur bonheur leur coûte très-peu, ne réfidant qu'en la perfuafion; enfuite parce qu'ils en jouiffent avec beaucoup d'autres. Or il n'y a point de plaifir à jouir d'un bien fans compagnon. Qui de vous ignore, en effet, le petit nombre des Sages, fi toutefois on en trouve feulement un? Après tant de fiècles, les Grecs comptent fept Sages : à compter de près, je les défie d'en pouvoir trouver la moitié d'un, à peine peut-être le tiers.

Parmi les louanges de Bacchus, on peut compter en premier lieu qu'il ôte les foucis de l'efprit, il eft vrai, pour peu de temps; car, fitôt le vin cuvé, les peines reviennent fur leur quadrige blanc. Combien mes bienfaits font plus complets, plus actifs! Je produis une ivreffe continuelle, & je remplis le cœur de joie, de délices, d'allégreffe, & cela fans effort. Je ne laiffe même aucun mortel étranger à mes bienfaits, tout à l'encombre des autres divinités qui partagent leurs faveurs entre les hommes. En effet, le vin généreux & doux ne croît pas dans tous les terrains, le vin qui chaffe les foucis, qui fait avec lui couler les flots d'efpérance. Bien peu ont en partage le don de la beauté, le préfent de Vénus; un plus petit nombre l'éloquence, cadeau de Mercure. Hercule rarement concède les richeffes. Le pouvoir eft encore plus rarement accordé par Jupiter. Souvent Mars ne favorife ni l'une ni l'autre des deux armées en préfence. Bien des gens quittent attriftés le trépied d'Apollon. Le fils de Saturne lance fréquemment la foudre; Phœbus envoie quelquefois la pefte avec fes javelots. Neptune fait périr plus de mortels qu'il n'en fauve. Quant à ces Jupiters impuiffants, Pluton, Até, la Peine, la Fièvre, & à d'autres divins bourreaux de cette efpèce, pourquoi les rappeler? Moi feule, la Folie, j'embraffe tous les hommes dans ma large bienveillance. Je n'attends pas de vœux, je ne demande pas d'expia-

tions, fi quelqu'une de mes cérémonies fe trouve omife. Je ne trouble pas le ciel & la terre pour châtier quelqu'un qui, imitant tous les autres dieux, me laifferait chez moi fans m'admettre à la fumée de fes victimes. En effet, les autres dieux mettent dans tous ces détails un efprit fi chagrin qu'il ferait préférable & plus fûr de les laiffer là que de les adorer. On devrait les traiter comme certains hommes d'humeur difficile, irritables, querelleurs, qu'il vaut cent fois mieux avoir pour ennemis que pour familiers.

Mais, dira-t-on, perfonne ne facrifie en l'honneur de la Folie, perfonne ne lui érige des temples. Auffi bien admirai-je plus d'une fois, je l'ai déjà dit, une ingratitude fi frappante. Au refte, je n'en prends fouci qu'en proportion de ma facilité naturelle, & je ne regrette même pas ces honneurs. Pourquoi rechercherais-je un morceau d'encens, un gâteau de farine, un bouc, un cochon, quand chez tous les peuples tous les mortels m'offrent un culte qui reçoit l'approbation des théologiens eux-mêmes. A moins que je n'envie à Diane fes facrifices de victimes humaines. Je me crois très-honorée quand de toutes parts on me porte dans le cœur, on me reproduit par les mœurs, on me repréfente par la conduite.

Ce genre de culte n'eft pas fréquent chez les chrétiens à l'endroit des faints. La foule eft nombreufe des gens qui attachent une chandelle de cire aux pieds de la Vierge, & cela en plein midi, fans nul befoin. En revanche, combien peu de gens imitent ces mêmes faints dans leur vie chafte, modefte, éprife du divin? Voilà quel ferait le vrai culte, le plus agréable aux habitants du ciel. D'ailleurs ai-je affaire d'un temple quand tout l'univers m'eft un temple, &, fi je ne me trompe, le plus beau de tous. Certes les prêtres ne manquent pas, excepté là où il n'y a plus d'hommes. Je ne fuis pas

d'ailleurs affez extravagante pour réclamer des images fculptées en pierre ou fardées de couleurs qui bien fouvent font nuifibles à notre culte, quand ces mêmes images font adorées comme les faints en perfonne par des efprits ftupides & groffiers. Alors il arrive ce qui fe produit pour ceux qui font fupplantés par leurs procurateurs. Je confidère tous les mortels comme autant de ftatues qui me font érigées, vivantes images de moi, quand même ils ne le voudraient pas. Je n'ai donc rien à envier aux autres dieux, s'ils font honorés dans tel ou tel coin de la terre, à tel ou tel jour férié. Adorez Phœbus à Rhodes, Vénus à Cypre, Junon à Argos, Minerve à Athènes, Jupiter à Olympie, Neptune à Tarente, Priape à Lampfaque, pourvu que le genre humain me fourniffe affidûment un nombre bien plus étendu de victimes. J'ai l'air de mentir impudemment : voyez donc la vie des hommes & vous faifirez ce qu'ils me doivent & l'eftime qu'ils ont pour moi. Nous n'irons point paffer en revue chaque condition, car ce ferait un trop long recenfement. Contentons-nous des principales dont nous pourrons juger le refte.

Eft-il néceffaire de rappeler le vulgaire, le bas peuple, pour favoir que fans controverfe il eft tout à moi? En effet, il abonde en tant de formes d'extravagance, il invente tant d'abfurdités quotidiennes que pour en rire mille Démocrites ne fuffiraient pas. Encore ces Démocrites auraient-ils befoin d'un autre Démocrite pour rire d'eux. On ne faurait croire combien de rifées, de jeux, de divertiffements chaque jour tous ces petits humains fuggèrent aux dieux. Les dieux, en effet, emploient les heures qui précèdent midi, les heures fobres à entendre les prières des mortels ou leurs débats querelleurs. Au refte, quand ils font humides de nectar & qu'il ne leur plaît plus de rien faire de férieux, ils fe réuniffent au plus haut du ciel & regardent en bas la comédie des mortels. Aucun fpectacle ne leur plaît davantage. Bon Dieu, quel théâtre que ce tumulte fi divers des Fous! Car bien fouvent moi-même j'y affifte dans les rangs des dieux de la Fable.

Celui-ci fe meurt d'amour pour une femmelette, & moins il eft aimé plus il l'aime avec frénéfie. Celui-là recherche une dot et non une femme. Cet autre proftitue fon époufe. Ce jaloux eft aux aguets comme Argus. Pour un deuil que de fottifes ne dit-on pas, ne fait-on pas? on va jufqu'à louer des hiftrions qui jouent la comédie de la douleur. Voyez cet homme pleurer fur la tombe de fa marâtre. Celui-ci donne à fon ventre tout ce qu'il peut ramaffer, fans crainte de mourir de faim après; celui-là n'eftime rien de préférable au fommeil & au loifir. Il eft des gens qui, pour les affaires d'autrui, fe mettent activement en campagne & qui négligent leurs propres affaires. Tel homme fe croit riche en ne faifant que changer de créancier & quand il a mangé tout fon bien. Tel autre, vraiment pauvre, ne conçoit pas de plus grand bonheur que d'enrichir fon héritier. Celui-ci, pour un profit médiocre & incertain, s'envole fur toutes les mers, confiant fa vie aux ondes & aux vents, fa vie qu'aucune fomme d'argent ne

lui rendra. Celui-là aime mieux chercher à s'enrichir par la guerre que de paſſer à la maiſon des jours paiſibles. Il y a des individus qui penſent arriver très-avantageuſement à la fortune en captant la ſucceſſion de vieillards ſans enfants. Il n'en manque pas qui pourſuivent le même réſultat en s'attachant à de vieilles opulentes. Les uns & les autres donnent de bons ſujets de riſées aux dieux ſpectateurs, quand ils ſont trompés adroitement par ceux-là même qu'ils cherchent à ſéduire.

Les plus fous, les plus misérables de tous, sont encore les trafiquants : rien de plus misérable en effet que leur profession & que la manière dont ils la pratiquent ; à tout propos ils mentent, se parjurent, volent, fraudent, & pourtant se regardent comme les premiers des hommes, sans doute parce qu'ils ont les mains pleines d'or. Il ne manque pas de moinillons adulateurs pour admirer ces trafiquants, les qualifier de vénérables, sans doute pour attirer à eux une portion de ces biens mal acquis. Ailleurs vous verrez de ces pythagoriciens pour qui tout est commun, à tel point qu'ils s'approprient d'une âme sereine comme leur propre patrimoine tout ce qu'ils trouvent abandonné. Certaines gens ne sont riches qu'en espérance & se créent des songes flatteurs qui leur suffisent pour leur félicité. Quelques-uns se réjouissent de passer pour riches, tandis qu'ils vivent pauvrement. Celui-ci se hâte de se ruiner, cet autre amasse à tout prix. Ce candidat brigue les honneurs populaires, ce nonchalant se délecte au coin du feu. Beaucoup d'hommes se démènent en procès interminables, &, de part & d'autre, se créent beaucoup de tracas pour enrichir un juge qui veut prolonger l'affaire & un avocat son complice. Tel individu ne rêve qu'innovations, tel autre que grandes entreprises. Tel va à

Jérufalem, à Rome, au pèlerinage de Saint-Jacques, où il n'a rien à faire, pendant qu'il laiffe au logis femmes & marmots.

Enfin, fi du monde de la lune vous pouviez, comme autrefois Ménippe, découvrir les tumultes humains, vous croiriez voir un tourbillon de mouches ou de moucherons fe querellant, fe combattant, fe tendant des piéges, fe pillant, fe jouant entre eux, folâtrant, & qui grandiffent, & qui tombent, & qui meurent. Non ! vous ne pourriez vous imaginer les mouvements perpétuels, les perpétuelles tragédies de ce petit animal qui doit fi tôt périr. Et encore, pour le faire difparaître, que faut-il, une guerre, une pefte, mille autres accidents ? Moi-même, je ferais extravagante au dernier degré, digne de toutes les rifées d'un Démocrite, fi je voulais énumérer toutes les fottifes, toutes les infamies du vulgaire. Venons donc aux hommes qui gardent ici-bas l'apparence de la fageffe & qui prétendent au fameux rameau d'or.

Les premiers qui s'offrent à moi font les pédants, l'efpèce la plus lamentable, la plus déplorable, la plus haïe des dieux, fi je n'adouciffais les peines de leur profeffion par un petit grain de folie. Ce n'eft pas à cinq Furies, c'eft à mille qu'ils font livrés, comme l'indique une épigramme grecque ; toujours faméliques, toujours fordides dans leurs écoles : je dis leurs écoles, je devrais dire leurs moulins, leurs lieux de fupplice. Là, parmi des troupes d'enfants, ils vieilliffent dans le labeur, s'affourdiffent à force de criailleries, fèchent de puanteur & de faleté : pourtant, grâce à mes illufions bienfaifantes, ils fe figurent être les premiers des mortels. Ils font fi contents d'eux-mêmes, quand ils terrifient une troupe écolière par les menaces de leur vifage & de leur voix ; lorfqu'ils déchirent ces pauvres diables avec

des férules, des lanières, des verges, & qu'ils infligent despotiquement les punitions les plus diverses, fiers d'eux-mêmes comme l'âne de Cumes. Pendant ce temps-là, leur crasse leur paraît une coquetterie, leur puanteur embaume à leur gré ; leur répugnante servitude leur semble une royauté, si bien qu'ils ne changeraient pas leur tyrannie contre l'empire de Phalaris ou de Denys. Mais ce qui fait surtout leur bonheur, c'est la bonne opinion où ils sont de leur science. Ils ont beau n'inculquer aux enfants que des fadaifes : quel eft le Palœmon, le Donat qu'ils ne méprifent point? Je ne fais quels preftiges ils emploient : mais cette haute idée qu'ils ont d'eux-mêmes, ils l'infpirent à de fottes mamans, à des pères idiots. Ajoutez ces délices qu'ils goûtent toutes les fois qu'un d'entre eux furprend le nom de la mère d'Anchife ou un mot ignoré dans un livre poudreux. S'ils trouvent *bubfequa, bovinator, mantinator;* s'ils découvrent un fragment de vieille pierre avec une infcription mutilée, ô Jupiter! quelle exultation, quels triomphes, quelles félicitations enthoufiaftes! on dirait qu'ils ont vaincu l'Afrique ou pris Babylone. Mais qu'eft-ce donc quand ils montrent avec étalage leurs vers infipides & glacés, non fans trouver des admirateurs? ils croient que l'âme de Maron a paffé dans leur poitrine. Rien ne vaut encore leurs éloges mutuels, leurs congratulations réciproques, pour fe déchirer enfuite, tout cela comme par une loi de talion. Si l'un d'eux s'eft trompé fur un mot, & que fon confrère plus clairvoyant ait eu la bonne fortune de s'en apercevoir, par Hercule, quelles tragédies, quelles luttes de gladiateurs, quel déchaînement d'injures & d'invectives! Je veux avoir tous les pédants contre moi, fi je dis rien qui foit contraire à la vérité. Je connais un homme habile dans tous les arts, hellénifte,

latiniste, mathématicien, philosophe, médecin, & de façon royale, déjà sexagénaire, qui, laissant tout autre soin de côté, depuis plus de vingt ans se tourmente, se consume sur la grammaire, heureux à fin de compte s'il lui est donné de vivre assez pour déterminer les huit parties du discours, ce que n'a pu complétement faire aucun Grec, aucun Latin. Comme si c'était un sujet de guerre de prendre une conjonction pour un adverbe. Et, de cette manière, comme il y a autant de grammaires que de grammairiens, vu que mon cher Alde à lui feul a publié plus de cinq ouvrages de ce genre, mon homme ne laiffe jamais aucune grammaire, même écrite dans un ftyle pénible ou barbare, fans la feuilleter, la retourner en tous fens : il porte envie à quiconque, dans cet ordre de travaux, fait paraître la moindre ineptie ; il vit en de douloureufes alarmes, craignant toujours qu'on ne lui raviffe cette gloire & que les labeurs de tant d'années ne foient ftériles pour lui. Comment voulez-vous qualifier fa conduite? de folie ou de fottife ? A votre choix, pourvu que vous m'accordiez que, grâce à mes bienfaits, ce malheureux animal de pédant s'eft élevé à un tel faîte de bonheur que, pour rien au monde, il ne permuterait avec les rois des Perfes.

Les poëtes me font moins redevables, bien que, par profeffion, ils foient de ma clientèle. C'eft en effet une race libre, felon l'adage, dont tout le travail ne tend qu'à flatter les oreilles des Fous avec de pures babioles & des fables ridicules. Et cependant, à l'aide & de ces fables & de ces babioles, il eft prodigieux de voir comme ils fe promettent l'immortalité, comme ils la promettent aux autres. C'eft bien cette race qui a pour familières ma Philautia (l'Amour-propre) & ma Kolakia (la Flatterie) ; car aucune efpèce de mortels ne témoigne pour moi un culte plus franc ni plus conftant.

Les rhéteurs relèvent encore de moi : je fais bien qu'ils me font des traits & s'entendent avec les philofophes ; cependant ce qui les fait reconnaître comme mes clients, c'eft qu'outre leurs propres fottifes ils ont férieufement écrit fur la manière de plaifanter. Auffi bien la Folie eft-elle comptée parmi les différentes efpèces de la raillerie par celui qui a compofé la *Rhétorique à Hérennius*. Quintilien, le maître de l'Ecole, n'a-t-il pas fait fur le rire un chapitre plus ample que l'Iliade ? Enfin ces rhéteurs attribuent un tel prix à la Folie que, fouvent, à leur dire, quand on ne trouve point d'affez bons raifonnements, on fort d'un mauvais pas à l'aide du rire. Rien de plus fûr, à moins qu'on ne prétende que l'art de provoquer le rire par la bouffonnerie ne reffort pas de mon domaine.

Rangez encore dans la même catégorie tous ces gens qui pourfuivent la renommée en publiant des livres. Ces gens-là me doivent tout, principalement ceux qui n'impriment que des fottifes. En effet, ceux qui s'ingénient à n'écrire que pour l'élite des doctes & felon les exigences du goût, ceux qui ne récufent le jugement ni d'un Perfe ni d'un Lélius, me femblent plutôt à plaindre qu'à féliciter ; car ils fe mettent à tout propos l'efprit à la torture. Ils ajoutent, changent, retranchent, replacent, reforgent, montrent leurs ouvrages, les tiennent enfermés pour neuf ans & jamais ne font contents d'eux; ils achètent le plus frivole des avantages, la gloire, privilége encore d'un bien petit nombre d'hommes, au prix des veilles, de toutes les douceurs de la vie, au prix des fueurs & des tourments. Ajoutez maintenant la perte de la fanté, la perte de la beauté, la chaffie, parfois même la cécité, la pauvreté, l'envie, l'abftinence des voluptés, la vieilleffe hâtive, la mort prématurée & tout le cortége des difgrâces. Voilà pourtant par quels maux le fage achète l'eftime de deux ou trois chaffieux de fon efpèce.

Parlez-moi d'un auteur qui me prend pour infpiratrice ! comme il eft heureux dans fon délire, lorfque fans méditation, d'après ce qui lui vient à l'efprit, felon le caprice de fa plume, il confie au papier, fans y avoir regret, fes rêves tels quels : il n'ignore pas fans doute que, plus il écrit d'abfurdités, plus il aura d'approbateurs, à favoir tous les ignorants & tous les Fous. Que lui importe maintenant le dédain des deux ou trois fameux favants qui viendront à lire fon ouvrage ? Quel fera le poids d'un fi petit nombre de fages au milieu d'une immenfe foule prête à protefter en fa faveur ? Plus avifés font les plagiaires qui donnent pour leur l'œuvre d'autrui, &, avec de fimples fubftitutions de mots, font paffer fur leur tête une gloire acquife à grand'peine; ils comptent fans doute que fi leurs larcins un jour ou l'autre font reconnus, ils en auront tiré profit pendant quelque temps. Voyez leur air fatisfait, quand on les livre en public, lorfque dans la foule on les montre du doigt : « C'eft bien lui, c'eft bien cet homme! » qu'ils font en vue chez tous les libraires, qu'à la tête de chaque page s'étalent leurs noms, au nombre de trois pour le moins, & des noms étrangers femblables à des mots magiques. Et pourtant ce ne font que des mots. Et ces noms, qui les connaîtra, en regard de la vafte étendue de l'univers? Combien en feront cas ! chez les ignorants eux-mêmes les goûts font fi divers. Ces noms mêmes le plus fouvent ils font forgés ou pris aux livres des Anciens. Celui-ci fe fait appeler Télémaque; celui-là Sthénélus ou Laerte; cet autre Polycrate, cet autre enfin Thrafymaque. Auffi bien pourraient-ils fe faire appeler caméléons, citrouilles, ou, felon la coutume de quelques philofophes, donner à leurs livres le titre d'*alpha* ou de *bêta*. Mais ce qui eft le plus charmant, c'eft de les voir fe louer mutuellement avec des épîtres, des poëmes, des éloges, fots qui s'adreffent à des fots, ignorants à des ignorants. Ils fe difent réciproquement : « Vous l'emportez fur Alcée, vous dépaffez Callimaque, vous éclipfez Cicéron, vous effacez Platon. » Quelquefois même ils

entrent en lice pour augmenter leur renom par ces sortes de tournois. De là chez le vulgaire une attentive curiosité, un partage de sentiments; mais les deux antagonistes sortent du champ clos avec les allures de la victoire & l'assurance du triomphe. Les sages en rient comme d'une insigne folie. Nul ne songe à le nier. Mais pendant ce temps, par mon bienfait, ces plagiaires mènent une vie délicieuse, & n'échangeraient pas leurs triomphes contre ceux des Scipions.

Cependant les doctes eux-mêmes qui se moquent de pareils auteurs avec complaisance, & semblent jouir de l'insanité d'autrui, ont encore des dettes envers moi; ce qu'ils ne sauraient contester à moins d'être les plus ingrats de tous les hommes. Parmi les érudits ce sont les jurisconsultes qui réclament le premier rang & qui sont le plus contents d'eux-mêmes; cependant qu'ils roulent le rocher de Sisyphe d'une main assidue, & que d'une seule haleine ils trament le tissu de mille lois plus ou moins concordantes avec les choses, accumulant gloses sur gloses, opinions sur opinions, ils font de leur étude la plus malaisée de toutes. En effet, ils ne tiennent en honneur que ce qui coûte beaucoup de peines. Nous pouvons adjoindre à leur confrérie les dialecticiens & les sophistes, plus bavards que l'airain de Dodone; n'importe lequel d'entre eux pourrait lutter en babillage avec vingt femmes bien choisies; mieux vaudrait pourtant qu'ils fussent seulement jaseurs & non querelleurs par surplus ! pour des poils de chèvre ils se disputeront avec acharnement, & dans ces altercations prolongées ils perdront la plupart du temps le sens du vrai. Mais c'est encore Philautia qui fait leur bonheur : armés de trois syllogismes, sans la moindre hésitation, ils sont prêts à en venir aux mains avec le premier venu; leur entêtement les rend nvin-

cibles, quand bien même on leur opposerait un Stentor.

Viendront ensuite les philosophes, vénérables par leur barbe & leur manteau, qui s'attribuent le monopole de la sagesse & assimilent à des ombres le reste des mortels. Quel charmant délire, quand ils construisent des mondes innombrables ; qu'ils mesurent comme avec le pouce ou avec un fil le soleil, la lune, les étoiles ; qu'ils donnent sans jamais hésiter les causes de la foudre, des vents, des éclipses & d'autres phénomènes inexplicables, comme s'ils avaient été dans les secrets de la nature ouvrière, comme s'ils nous venaient tout droit du conseil des dieux. Pendant ce temps, la nature se moque d'eux avec leurs hypothèses. En effet, ils n'ont aucune connaissance certaine; ce qui le prouve bien, ce sont leurs discussions sans résultat sur toutes les questions. En réalité, ils ne savent rien & prétendent tout savoir. Remarquez qu'ils ne se connaissent pas eux-mêmes & ne distinguent point sous leurs pieds une fosse ou un rocher devant eux, soit qu'ils n'y voient pas clair, soit que leur esprit voyage; cependant ils prétendent bien discerner les idées, les universaux, les formes substantielles, la matière première, les quiddités, les entités, choses tellement subtiles qu'à mon avis Lyncée ne pourrait pas les démêler. Où leur mépris éclate pour le profane vulgaire, c'est bien dans les mathématiques, lorsqu'avec leurs triangles, leurs carrés, leurs cercles & autres figures du même genre tracées les unes sur les autres & mêlées en forme de labyrinthe, avec leurs lettres disposées en ordre de bataille & ramenées encore à d'autres combinaisons, ils jettent des ténèbres sur les yeux des ignorants. J'aurais garde d'omettre aussi ces astrologues qui prédisent l'avenir après avoir consulté les astres, & annoncent des merveilles surnaturelles,

trouvant encore des gens affez fimples pour y croire.

Il ferait peut-être opportun de paffer fous filence les théologiens &, comme Apollon l'a dit, de ne pas remuer Camarine, de ne pas toucher à cette herbe d'Anagyre : c'eft, en effet, une race d'hommes étrangement fourcilleufe & irritable, qui, s'ils ne m'attaquent pas en troupe avec mille conclufions, s'ils ne me contraignent pas à la palinodie, devant mes refus, crieront fur-le-champ à l'hérétique. Car

telle eſt la foudre qu'ils accoutument de brandir, quand ils voient quelqu'un d'un mauvais œil. Il n'y a pas de gens qui reconnaiſſent de moins bonne grâce mes bienfaits à leur endroit : cependant ils ne me ſont pas attachés à de médiocres titres. Ils ont auſſi leur Philautia pour les rendre heureux, leur faire habiter comme un troiſième ciel & regarder de haut le reſte des mortels, ainſi qu'animaux rampant ſur le ſol & qu'ils traitent en pitié. Avec leur cortége de définitions magiſtrales, de conclufions, de corollaires, de propofitions explicites & implicites, ils ont tant d'échappatoires qu'avec leurs fameufes diftinctions ils fe tireraient du filet même de Vulcain : c'eft ainfi qu'ils tranchent fi facilement tous les nœuds que la hache de Ténédos ne ferait pas mieux : tant ils ont en abondance des vocables inventés & des termes prodigieux. N'expliquent-ils pas d'ailleurs tous les myftères au gré de leurs fantaifies, comment le monde a été créé, divifé, de quelle façon la tache originelle du péché eft venue jufqu'à nous de nos premiers parents, de quelle manière, dans quelles limites, combien de temps le Chrift s'eft renfermé dans le fein d'une vierge, comment s'accomplit le myftère de l'Euchariftie ? Mais ce font là queftions banales. Voilà celles qu'ils jugent dignes de grands théologiens &, comme ils le difent, de théologiens illuminés : voilà les thèmes qui les réveillent s'ils ont quelque défaillance : « Y a-t-il un inftant dans la génération divine ? y a-t-il eu plufieurs filiations dans le Chrift ? Cette propofition, Dieu le père hait fon fils, eft-elle poffible ? Dieu aurait-il pu s'unir avec une femme, avec le diable, avec un âne, une citrouille, une pierre ? Une citrouille aurait-elle pu prononcer des difcours, faire des miracles, être crucifiée ? Qu'eft-ce que Pierre aurait confacré, s'il avait eu à accomplir la confécration,

au moment où le corps du Chrift pendait à la croix? Au même moment pouvait-on appeler le Chrift un homme? Après la réfurrection, fera-t-il permis de boire & de manger? car déjà nos théologiens prennent d'avance les intérêts de leur faim, le fouci de leur foif. Il y a d'innombrables niaiferies, plus fubtiles encore que tout cela, fur les notions, les relations, les inftants, les formalités, les quiddités, les eccéités, que perfonne ne peut fuivre même du regard, à moins d'être un Lyncée; car il lui faudrait diftinguer à travers les plus épaisses ténèbres des objets qui n'existent pas. Ajoutez une morale si contraire à la raison que ces oracles des Stoïciens qu'on appelle paradoxes n'étaient en comparaison que du gros bon sens fait pour courir les rues. Par exemple, cette opinion que le crime est moins grand d'égorger mille hommes que de raccommoder le soulier d'un pauvre le dimanche, & de même qu'il faut risquer plutôt de voir périr le monde entier avec tout ce qui en dépend que de dire le plus léger mensonge. Ces subtilités si subtiles sont encore plus subtilisées par toutes les voies de la philosophie. Vous vous tireriez plus promptement du labyrinthe que des voiles étendus par les Réalistes, les Nominaux, les Thomistes, les Albertistes, les Occanistes, les Scotistes : encore n'ai-je pas indiqué toutes les sectes, mais seulement les principales. Il y a, du reste, dans toutes tant de fatras d'érudition, tant de difficultés épineuses qu'à mon avis les Apôtres eux-mêmes auraient besoin d'une nouvelle visite du Saint-Esprit s'ils étaient forcés d'en venir aux mains sur toutes ces questions avec cette nouvelle race de théologiens. Saint Paul a pu donner la foi aux autres; mais ce même saint Paul, quand il dit : « La foi est la substance des choses à espérer, l'argument des choses qui ne paraissent point », a fait là pour nos théologiens une définition peu magiftrale. D'après les mêmes données, s'il a d'exemple prêché la charité, il la détermine, la définit en médiocre dialecticien, dans fa première épître aux Corinthiens, au chapitre treizième.

Certes les Apôtres confacraient pieufement l'Euchariftie, & pourtant, fi on leur avait demandé les différents termes de ce myftère, la nature de la tranffubftantiation, la manière dont un même corps peut être en divers lieux, la façon différente dont le corps du Chrift eft au ciel, a été fur la croix, fe trouve dans le facrement de l'Euchariftie; à quel inftant la tranffubftantiation peut fe faire ; quand les paroles qui la provoquent divifées en fyllabes font néceffairement fucceffives ; ces mêmes Apôtres, à ce que je crois, n'euffent pas répondu avec tant de fineffe que les fcolaftiques en mettent à differter fur ces matières ou à les définir. Ces Apôtres encore connaiffaient la mère de Jéfus, mais lequel d'entre eux a démontré dialectiquement par quel privilége Marie a été préfervée de la tache originelle comme l'ont fait nos théologiens ?

Saint Pierre a reçu les clefs & les a reçues de Celui qui ne les eût pas confiées à un indigne, & pourtant je ne fais s'il eft arrivé à cette hauteur de fubtilité où l'on comprend comment celui qui n'a pas la fcience peut avoir la clef de la science. Les Apôtres baptisaient assez fréquemment, ce semble, & pourtant jamais ils n'ont enseigné quelle est la cause formelle, efficiente, matérielle & finale du baptême; ils n'ont fait aucune mention de ses caractères effaçables ou ineffaçables. Ils adoraient, sans doute, mais en esprit, ne suivant pas d'autre règle que cette parole de l'Evangile : « Dieu est esprit & ceux qui l'adorent doivent l'adorer en esprit & en vérité. » Cependant il ne semble pas qu'on leur ait révélé la nécessité de confondre dans une même adoration le Christ & son image dessinée sur le mur avec du charbon, pourvu que cette image offre deux doigts étendus, une chevelure bouclée, & sur le haut de la tête trois rayons. Qui peut arriver à comprendre toutes ces subtilités s'il n'a passé trente-six ans à user son esprit sur les traités physiques & métaphysiques d'Aristote & de Scot ?

De même les Apôtres font pénétrer la grâce dans les âmes, mais jamais ils ne distinguent la grâce gratuite de la grâce gratifiante. Ils exhortent aux bonnes œuvres, mais sans discerner l'action opérante & l'action opérée. Ils inculquent la charité, mais sans séparer la charité infuse de la charité acquise, & ils n'expliquent pas si elle est accident ou substance, chose créée ou incréée. Ils détestent le péché, mais que je meure s'ils peuvent définir scientifiquement la nature du péché, n'ayant pas été à l'école du Saint-Efprit des Scotiftes! Si faint Paul, dont le génie doit faire juger de celui de tous les autres, avait bien connu ces théories du péché, certes il n'eût pas tant de fois condamné les contentions, les queftions, les filiations d'arguments, &, comme il le dit, la « logomachie » : d'ailleurs toutes les difcuffions, toutes les controverfes de ces temps primitifs étaient ruftiques, groffières, en comparaifon des fubtilités par lefquelles nos maîtres fcolaftiques ont dépaffé Chryfippe. Et pourtant nos théologiens font encore modeftes : s'ils trouvent dans les Apôtres quelque paffage par trop raboteux & pas affez magiftral, ils ne le condamnent point, mais l'interprètent à leur manière : c'eft une conceffion qu'il leur plaît de faire en partie à l'antiquité, en partie au nom apoftolique. En effet, il ne ferait guère équitable d'exiger de telles connaiffances des Apôtres, quand leur divin Maître ne leur en avait pas dit le premier mot.

S'ils trouvent de pareilles bévues dans les Chryfoftome, les Bafile, les Jérôme, ils fe contentent d'infcrire : « Cela n'eft pas reçu. » En effet, ces docteurs ont réfuté les philofophes païens & les Juifs, gens très-opiniâtres de leur nature, mais ils les ont réfutés plutôt par leur vie & leurs mœurs que par des fyllogifmes : d'ailleurs leurs adverfaires n'euffent pu atteindre

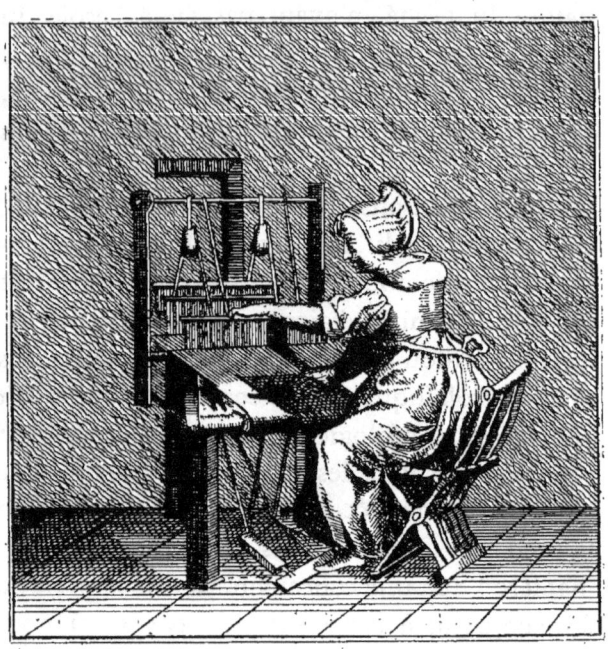

aux raisonnements de Scot. Aujourd'hui quel païen, quel hérétique ne céderait immédiatement à ces subtilités si ténues à moins d'être assez grossier pour ne les point saisir, ou assez impudent pour les railler, ou bien encore assez armé pour soutenir la bataille. Alors ce serait mettre aux prises un magicien avec un magicien, ou faire combattre un homme avec un autre homme étant tous deux pourvus d'une épée enchantée; on dirait le travail de la toile de Pénélope! A ce propos les Chrétiens auraient grandement raifon fi aux lieu & place de ces belliqueufes cohortes qu'ils envoient en guerre contre les Turcs & les Sarrafins depuis fi long-temps & avec des chances fi incertaines, ils dépêchaient dans la même intention une croifade de Scotiftes criards, d'Occaniftes entêtés, & d'invincibles Albertiftes, des Sophiftes brochant fur le tout. Ce ferait une bien belle bataille, une victoire fans précédent. Qui ferait affez de glace pour ne pas s'enflammer à un tel feu ? affez pefant pour ne point fentir un tel éperon ? affez clairvoyant pour n'être pas ébloui par de telles illuminations ?

J'ai l'air de badiner, ne vous en étonnez pas. Parmi les théologiens il y a des gens d'un favoir plus folide à qui ces arguties, frivoles à leur avis, ne font que donner la naufée. Il en eft qui exècrent ces fubtilités comme une manière de facrilége, & qui regardent comme une impiété de difcourir à bouche que veux-tu fur des myftères plutôt faits pour être adorés que pour être expliqués, de difcuter à leur fujet avec des arguties profanes & païennes, de définir avec tant d'arrogance les plus hautes vérités & d'altérer la majefté de la divine théologie par des fentences & des paroles qui n'ont rien que de froid & de bas.

Il eft vrai que, malgré tout, ces difputeurs continueront à être enchantés d'eux-mêmes

& à s'applaudir, si bien qu'occupés jour & nuit à ces suaves nénies ils ne gardent pas le moindre loisir pour daigner même une fois lire l'Evangile ou les épîtres de saint Paul. Cependant, appliqués à ces bagatelles dans leurs écoles, ils s'imaginent que l'Eglise entière tomberait si leurs syllogismes n'étaient là pour la soutenir : tel Atlas chez les poëtes supporte le ciel sur ses épaules. Quelle félicité pour eux de manier les saintes Ecritures comme de la cire, de les façonner, de les transformer à leur fantaisie! Ils ofent bien foutenir que leurs décifions auxquelles plufieurs fcolaftiques ont déjà foufcrit font plus refpectables que les lois de Solon, plus vénérables que les ordonnances des Papes; puis, tandis qu'à l'inftar des cenfeurs ils appellent le genre humain à fe rétracter, fitôt que quelque chofe ne cadre pas exactement avec leurs conclufions, ils vont prononcer d'un ton d'oracle : « Cette propofition eft fcandaleufe, cette autre peu révérencieufe, celle-ci fent l'héréfie, celle-là fonne mal. »

Ainfi ni le baptême, ni l'Evangile, ni faint Paul, ni faint Pierre, ni faint Jérôme, ni faint Auguftin, ni même Thomas d'Aquin, le grand ariftotélique, ne peuvent faire un chrétien, fi les bacheliers ne s'en mêlent : telle eft leur fubtilité en fait d'orthodoxie. Qui jamais aurait cru que l'on n'était pas chrétien en difant que « Socrate tu cours » & « Socrate court » ont la même valeur? il a fallu ces fcolaftiques pour nous l'apprendre. Qui donc aurait purgé l'Eglife de telles erreurs puifqu'on n'eût jamais lu de pareilles propofitions, s'ils ne les avaient dénoncées eux-mêmes par leurs grands cachets ? Ne font-ce pas des gens bien heureux ? Ils vous dépeignent dans les moindres détails l'intérieur de l'Enfer, comme s'ils avaient vécu plufieurs années dans la république des diables. En outre, ils font à leur gré des cieux nouveaux; ils y

ajoutent par furcroît un ciel suprême, le plus large, le plus beau, fans doute pour fournir aux âmes des bienheureux un féjour où fe promener, fe donner des feftins, jouer même à la paume.

Tous nos ergoteurs ont tant de balivernes dans la tête que le cerveau de Jupiter n'était pas auffi gros quand pour accoucher de Minerve il implorait la hache de Vulcain. Ne vous étonnez donc pas, fi dans les difcuffions publiques vous voyez leurs têtes enveloppées d'un fi grand nombre de bandes! car autrement leurs cervelles fauteraient. Je ne puis m'empêcher d'en rire. Ces individus ne fe croient théologiens que s'ils parlent un jargon hideux & barbare, & encore bégaient-ils tellement qu'ils ne peuvent être compris que par un bègue! n'appellent-ils pas génie ce que le vulgaire n'entend point? En effet, ils prétendent qu'on ravilit la dignité des faintes Ecritures quand on les foumet aux lois de la grammaire. Etrange majefté des théologiens à qui feulement il eft permis de parler contre la pureté du langage; il eft vrai que la canaille partage avec eux cette prérogative. Enfin ils fe placent immédiatement au-deffous des dieux ; car, toutes les fois qu'avec une forte de piété on les falue du nom de maîtres, ils croient attachée à ce nom une vertu comme aux quatre lettres des Juifs; auffi regarderaient-ils comme facrilége de ne pas écrire *Magifter nofter* en gros caractères. Si quelqu'un s'avifait d'intervertir ainfi : « *Nofter magifter* », il leur paraîtrait renverfer toute la majefté du nom théologique.

Viennent enfuite des gens non moins fortunés, ceux qui s'intitulent ordinairement religieux & moines, deux noms ufurpés, car la plus grande partie d'entre eux eft très-éloignée de la religion, & je ne connais pas de gens moins folitaires. Je ne vois rien de plus à plaindre que

cette espèce, si je ne lui étais pas secourable de cent façons. En effet, ils sont tellement haïs des hommes que leur rencontre est réputée de mauvais augure; & pourtant ils vivent enchantés d'eux-mêmes. Et d'abord leur plus grande dévotion consiste à ne pas connaître les lettres, à ne pas savoir lire. Ensuite, sans comprendre leurs psaumes, dont ils retiennent uniquement la mesure, ils les débitent au chœur avec des voix d'ânes : aussi bien s'imaginent-ils donner au ciel un divin concert. Il en est dans le

DE LA FOLIE.   133

nombre qui font grand profit de leur faleté, de leur mendicité : aux portes des maifons ils demandent leur pain en mugiffant ; point d'auberges, de voitures, de vaiffeaux qu'ils n'importunent, & cela tout au détriment des mendiants ordinaires. C'eft ainfi que ces dignes gens, par leur craffe, leur ignorance, leur rufticité, leur impudence, prétendent nous rappeler les Apôtres. Quoi de plus divertiffant que toutes leurs actions réglées, comme foumifes à des calculs mathématiques dont l'omiffion ferait sacrilége : tant de nœuds au soulier, la sangle d'une couleur prévue, la robe bigarrée d'une certaine façon ; une matière, une largeur déterminées pour la ceinture ; une forme, une ampleur spéciales pour le capuchon ; une étendue de tant de doigts pour la tonsure, un nombre d'heures invariable pour le sommeil. Jugez combien cette uniformité est en diffidence avec une telle variété de corps & d'esprit. Et c'est pour cette puérile réglementation que les moines non-seulement méprisent le reste du clergé, mais encore se conspuent les uns les autres ; que des hommes qui font profession de charité apostolique, pour une différence d'habit, pour une couleur plus ou moins sombre, nous donnent le spectacle de querelles vraiment tragiques.

Vous en verrez parmi ces moines si rigides dans leurs scrupules qu'ils portent au dehors le cilice, mais en dessous ils ont bien soin d'avoir le tissu de Milet ; d'autres, au contraire, nous montrent le lin en dessus, la laine en dessous. Il en est d'autres qui fuient comme l'aconit le contact de la monnaie, sans savoir se préserver du contact des femmes & du vin. Tous d'ailleurs mettent leur étude à se distinguer. Ils ne cherchent pas à se rendre semblables au Christ, mais très-dissemblables entre eux. Tout leur plaisir repose sur la diversité de leurs noms. Les uns s'honorent d'être appelés Cordeliers, & c'est

d'eux que dérivent les Récollets, les Mineurs, les Minimes, les Bulliftes. Les uns font bénédictins, les autres bernardins, ceux-ci de Sainte-Brigitte, ceux-là de Saint-Auguftin, les uns guillemins, les autres jacobins. Ne leur fuffirait-il pas d'être appelés chrétiens?

La plupart de ces moines font un tel état de leurs cérémonies & des petites traditions humaines, que le ciel leur paraît à peine digne de tous leurs mérites; ils ne fongent pas que le Chrift, au mépris de toutes leurs puérilités, jugera d'après fon précepte qui eft la Charité. Alors l'un pourra montrer à ce juge fa panfe engraiffée par toute forte de poiffons. L'autre étalera des pfaumes par boiffeaux ; celui-ci énumérera des myriades de jeûnes & imputera les difgrâces de fon eftomac au repas unique qu'il s'eft impofé de prendre tant de fois ; celui-là apportera un tel monceau de cérémonies qu'à peine fept vaiffeaux le pourraient tranfporter. Cet autre fe glorifiera d'être refté foixante ans fans toucher de l'argent, finon avec deux doigts enveloppés. Tel autre produira fon capuchon tellement fordide & craffeux qu'un batelier n'en voudrait pas ; celui-ci rappellera que pendant onze luftres il a toujours vécu à la même place comme une éponge ; celui-là fe vantera d'avoir enroué fa voix à chanter continuellement ; cet autre fe glorifiera d'avoir épaiffi fon cerveau dans la folitude, & ce dernier enfin d'avoir engourdi fa langue dans la perpétuité du filence.

Cependant le Chrift, interrompant ces interminables accès de gloriole, s'écriera : « D'où vient cette nouvelle efpèce de Pharifiens ? Je ne reconnais qu'une feule loi, la mienne, dont je ne vous entends point parler. Et autrefois fans détour, fans aucune enveloppe de paraboles, j'ai promis l'héritage de mon Père non pas à des frocs, à des oraifons, à des abftinences, mais

aux œuvres de la Foi & de la Charité. Je n'avoue point pour les miens ceux qui s'en font trop accroire fur leurs mérites, ceux qui veulent paraître plus faints que moi. Qu'ils aillent, s'ils le veulent, occuper le ciel des Abraxafiens, ou qu'ils fe faffent conftruire un paradis fpécial par ceux dont ils ont préféré les traditions frivoles à mes préceptes. » Quand ils entendront cette fentence & qu'ils verront élus avant eux des matelots & des cochers, de quel vifage fe regarderont-ils? Mais, en attendant, ils font heureux de par leurs espérances & grâce à mes bienfaits.

Encore que tous ces moines soient à l'écart de la république, personne pourtant n'ose les dépriser, surtout les mendiants, parce qu'ils tiennent tous les secrets par la confession; sans doute ils se feraient un crime de la révéler, à moins qu'ils ne veuillent se délecter à de bons contes; alors ils indiquent les choses en les laissant deviner, ne gardant de mystère que pour les noms. Si l'on irrite ces frelons, ils se vengent de la bonne manière dans les assemblées publiques, & ils marquent leur ennemi d'allusions en visant si bien que tous comprennent, sauf celui qui ne comprend jamais rien; d'ailleurs ils ne cessent d'aboyer que la bouche fermée par un gâteau. Est-il du reste un comédien, un charlatan qui vous donnerait un spectacle aussi risible que ces rhéteurs dans leurs sermons, singes admirables de toutes les règles, de toutes les traditions de la rhétorique. Bon Dieu! comme ils gesticulent, comme ils sont habiles à changer de voix, comme ils chantonnent, comme ils se remuent, comme ils transforment leurs physionomies, comme ils font retentir toute l'enceinte de leurs clameurs! Ce genre de faconde, ils se le passent de main en main, de frère en frère, comme un rite mystérieux. Quoique n'y étant pas

DE LA FOLIE. 139

initiée, j'effaierai de m'en rendre compte par conjectures.

Ils commencent par une invocation, habitude prife aux poëtes; enfuite, ayant à parler de la Charité, ils puifent leur exorde dans le fleuve du Nil. Ont-ils à traiter du myftère de la Croix, ils débutent par Bel, ce dragon de Babylone. Eft-ce le Carême qu'ils doivent expofer : ils ouvriront leur difcours par les douze fignes du Zodiaque; un fermon fur la Foi s'inaugurera par la quadrature du cercle. J'ai entendu moi-même un de ces moines, fot perfonnage, pardon, je voulais dire docte, qui devait élucider le myftère de la Sainte-Trinité devant une nombreufe affemblée de fidèles : or, pour étaler la rareté de fa doctrine, pour fatisfaire les oreilles théologiques, il entra dans une voie nouvelle. Voyez-le débuter par les lettres de l'alphabet; de là il paffe aux fyllabes, puis aux mots, puis à la concordance du nom & du verbe, de l'adjectif & du fubftantif. Tout l'auditoire était ftupéfait : quelques-uns murmuraient déjà le vers d'Horace : « Où viennent aboutir autant d'abfurdités ? » Enfin notre prédicateur arrive à démontrer que les éléments de la grammaire offraient le fimulacre de la Trinité toute entière; jamais géomètre n'eût fait fur le fable démonftration plus évidente. Auffi bien pour compofer ce fermon notre fameux théologien avait fué fang & eau huit grands mois; il en eft aujourd'hui devenu plus aveugle qu'une taupe, ayant détourné vers la pointe de fon efprit toute la force de fa vue; cependant il n'a pas regret à fa cécité; car il trouve qu'il a vraiment acquis fa gloire à trop bas prix.

J'ai entendu encore un octogénaire, théologien de la même farine, & fi théologien qu'on eût dit Scot Erigène reffufcité. Pour expliquer le myftère du nom de Jéfus, il démontre avec une prodigieufe fubtilité que tout ce qu'on pouvait dire du Sauveur se trouvait dans les lettres de son nom. Ce nom ne présente que trois cas, & voilà pourquoi il signifie le divin ternaire. Le premier de ces trois cas, *Jésus*, ne finit-il pas par une S, le deuxième *Jesum* par une M, le troisième *Jesu* par un U, c'est là que réside l'inexprimable mystère. Ces lettres indiquent en effet que le Christ est à la fois au faîte, au milieu, au plus infime degré. Restait une subtilité encore plus épineuse : en vertu de ses calculs mathématiques, le moine divisa le nom de Jésus en deux parties égales, de façon à ce que la cinquième lettre S demeurât isolée au milieu du mot. Ensuite il nous apprit que cette lettre en hébreu s'appelait syn; or syn en langue de Scotiste veut sans doute dire péché; il en concluait que Jésus enlevait les péchés du monde.

A cet exorde si nouveau, les auditeurs restèrent béants d'admiration, surtout les théologiens; peu s'en fallut qu'il leur arrivât la mésaventure de Niobé, & à moi l'accident de Priape qui, à son grand dommage, assista aux nocturnes horreurs de Sagane & de Canidie. Aurais-je eu si grand tort ? Jamais le grec Démosthène ou le latin Cicéron se sont-ils servis d'un pareil détour ? Chez eux l'exorde était réputé vicieux, toutes les fois qu'il s'éloignait du sujet, comme si les bouviers eux-mêmes qui n'ont que la nature pour maîtresse n'allaient aux exordes

142   L'ÉLOGE

les plus directs. Mais nos doctes moines ne regarderaient par leur préambule comme vraiment à la hauteur de la rhétorique, s'il avait quelque affinité avec le reste du sujet, & si l'auditeur tout en admirant ne devait se dire à part soi : « Mais où va-t-il donc par ces détours ! »

En troisième lieu, ils vont chercher quelque passage de l'Evangile, en guise de narration, mais cursivement & comme à la dérobée, tandis qu'ils devraient y insister. Quatrièmement, comme s'ils jouaient un nouveau personnage, ils remuent une question théologique, qui n'a rien à voir avec la terre & le ciel. Ils croient encore par là se retrouver dans le domaine de leur art. C'est là qu'ils redressent leurs sourcils théologiques & qu'ils font entrer dans les oreilles des noms magnifiques, docteurs solennels, docteurs subtils, docteurs très-subtils, docteurs séraphiques, docteurs sanctissimes, docteurs chérubins, docteurs irréfragables. C'est alors que devant la foule ignorante ils font tomber comme la pluie froide de la scolastique leurs syllogismes, majeures, mineures, conclusions, corollaires, suppositions.

Reste le cinquième acte où l'acteur doit se surpasser. Alors ils produisent un conte inepte & sot, tiré du *Miroir historial* ou des *Gestes des Romains*, & l'interprètent *allégoriquement, tropologiquement, anagogiquement !* De cette

manière ils terminent leur Chimère pire que celle dont Horace a eu l'idée en écrivant : « *Humano capiti.* » C'eſt que nos prédicateurs ont appris de je ne ſais qui, que dans un diſcours l'entrée en matière doit être calme & exempte de cris; auſſi dans leur exorde parlent-ils ſi bas qu'ils n'entendent même pas leur propre voix, comme s'ils ne voulaient point être compris. Ils ont encore entendu dire que pour remuer les ſentiments, il fallait uſer d'exclamations; en conféquence, au moment où ils parlaient posément, tout à coup ils élèvent la voix, comme des furieux, même sans raison. Vous jugeriez qu'ils ont besoin d'ellébore, comme si l'on devait crier pour crier. En outre, ayant encore entendu dire que l'orateur devait s'échauffer dans le progrès du discours, après chaque partie ils récitent assez tranquillement les premières phrases, puis donnent de la voix à plein gosier, même dans les passages les plus froids, & finissent de telle sorte qu'on les croirait à moitié morts. Enfin ils ont appris, toujours dans les rhéteurs, qu'il faut faire une part au rire, & ils se mêlent aussi de répandre des traits plaisants, & quels traits, ô chère Aphrodite! Comme ils sont à leur place. On dirait l'âne près de la lyre. Nos prêcheurs mordent bien quelquefois, mais plutôt pour chatouiller que pour blesser. Jamais ils ne sont plus impudemment flatteurs que s'ils veulent faire le plus montre de franchise. Enfin toute leur action les fait ressembler à des bateleurs qui sont encore leurs maîtres. Cependant les uns & les autres se ressemblent à tel point qu'ils ont l'air de s'être mutuellement enseigné la rhétorique.

Et, avec tout cela, ils trouvent des auditeurs qui en les entendant croient ouïr des Démosthène & des Cicéron. De cette espèce sont les marchands & les femmes; ce sont deux genres de clients que nos moines recherchent, les uns

parce qu'ils leur tranfmettent une portion du bien mal acquis contre échange de flatteries, les autres comme étant favorables à leur ordre, parce qu'elles y cherchent d'habitude les confidents des récriminations féminines contre les maris. Vous voyez bien tout ce que me doit cette race d'hommes qui avec de vaines cérémonies, des pratiques dérifoires, des hurlements, exercent fur les mortels une forte d'empire tyrannique en prétendant marcher fur les traces de Paul & d'Antoine. Mais il eft temps de laiffer avec grand plaisir ces manières d'histrions, ingrats qui dissimulent mes bienfaits, méchants qui simulent la piété.

Il y a longtemps déjà que je suis tentée d'en venir aux rois & aux princes; ils sont franchement mes adeptes & me cultivent avec l'aisance qui sied à leur rang. S'ils avaient seulement une demi-once de sagesse, qu'y aurait-il de plus triste, de plus repoussant que leur vie ? personne ne voudrait se procurer une couronne au prix du parjure & de l'assassinat, si l'on savait quel poids un véritable souverain supporte sur ses épaules. Celui qui tient le gouvernail d'un État doit assumer les affaires publiques & non les siennes, ne songer qu'à l'intérêt général; il ne peut, même de la longueur d'un doigt, s'écarter de ces lois dont il est l'auteur & l'exécuteur; il lui faut préserver l'intégrité de tous les officiers & de tous les magistrats; il est lui-même exposé en spectacle devant tous les yeux, tel qu'un astre salutaire. Par l'influence de ses bonnes mœurs il est en mesure de porter remède aux choses humaines, ou de leur causer de grands maux ainsi qu'une comète meurtrière; il doit enfin savoir que les vices des autres n'ont pas une action aussi sensible, une contagion aussi profonde. Le Prince est dans un poste élevé où, pour peu qu'il s'éloigne du droit chemin, le fléau pénétrera profondément dans la plupart des cœurs. N'oublions pas pourtant que la Fortune a l'habitude de détourner de ce chemin nos monarques, & qu'ils font fourvoyés par l'orgueil, les délices, l'impunité, l'adulation, le luxe; aussi faut-il veiller avec sollicitude afin de ne pas se laisser tromper. Disons aussi, même en omettant les embûches, les haines, tous les périls & toutes les alarmes qui menacent les rois, qu'ils sont encore destinés à comparaître devant le Souverain par excellence, auquel ils rendront compte de leurs moindres péchés, & cela avec d'autant plus de rigueur qu'ils auront disposé d'un pouvoir plus considérable. Si un roi pesait toutes ces considérations, comme il le devrait faire s'il était sage, il ne pourrait prendre avec quelque douceur ni sommeil ni nourriture. Mais je suis là, & par mon office les princes laissent tous ces soucis aux dieux, & ne songent qu'à se donner du bon temps; ils n'admettent auprès d'eux que des gens aux paroles de miel, sans laisser le moindre accès à la moindre inquiétude. Ils croient remplir suffisamment le rôle d'un vrai chef d'État, s'ils chassent assidûment, s'ils nourrissent de beaux chevaux, s'ils vendent à leur profit les charges & les emplois; si chaque jour ils inventent de nouveaux expédients pour épuiser les ressources de leurs sujets & les faire passer dans leur fisc. Ils trouvent à tout cela de spécieux prétextes, même à la mefure la plus inique, de façon à la colorer encore de quelque dehors d'équité. Ils ajoutent quelques flatteries à l'adreffe du peuple pour fe l'attacher.

Figurez-vous maintenant fur le trône, comme il arrive quelquefois, un homme ignorant des lois, prefque ennemi de l'intérêt public, attentif à l'utilité privée, efclave de fes plaifirs, haïffant l'érudition, haïffant la liberté & la vérité, ne penfant rien moins qu'au falut de la république, mais mefurant tout à fes paffions & à fes propres intérêts. Ajoutez enfuite un collier d'or, fymbole de toutes les vertus en harmonie, une couronne rehauffée de pierres précieufes, qui lui puiffe rappeler comme il doit furpaffer les autres en vertus héroïques ; enfin un fceptre, le figne de la juftice & de l'intégrité du cœur, en dernier lieu la pourpre, cet indice d'un amour ardent pour l'État. Si un tel prince comparait ces ornements avec fon exiftence privée, je crois qu'il aurait honte de fa parure & craindrait de voir un railleur au nez fin tourner en dérifion & en jeu tout cet appareil tragique.

Que dirai-je des grands, des courtifans ? La plupart font inféodés, les plus ferviles, les plus infipides, les plus abjects des êtres, & cependant ils fe croient les premiers des mortels. Ils ne font modeftes que fur un point : c'eft que, fe contentant de porter fur leur corps l'or, les

pierres précieuses, la pourpre & les autres insignes de vertus & de la sagesse, ils laissent aux autres le soin d'être en réalité sages & vertueux. Cela suffit amplement à leur félicité de pouvoir appeler le roi leur maître, d'avoir appris à le saluer en trois mots, à lui décerner les titres les plus courtois, tels que Votre Sérénité, Votre Domination, Votre Magnificence, de leur chatouiller agréablement le visage par des flatteries délicates. Voilà toute l'industrie des courtisans. Si, du reste, vous dirigez vos regards sur leur

genre de vie, ce ne font que de purs Phéaciens, des prétendants de Pénélope; vous reconnaiffez la fin du vers qu'Echo faura mieux achever que moi. Le courtifan dormira jufqu'au milieu du jour; il a même un chapelain mercenaire qui lui expédie une meffe mercenaire fans qu'il foit encore bien éveillé. De là ils vont au déjeuner; à peine ce repas terminé, le dîner fuit de près. Au fortir de table fe fuccèdent les dés, les aigrefins, les difeurs de bonne aventure, les bouffons, les fous, les courtifanes, les folâtreries & tous les autres passe-temps. Dans l'intervalle une ou deux collations pour le moins. Puis le souper, puis les libations & des libations réitérées, par Jupiter. De cette façon, sans aucun dégoût de la vie, les heures s'envolent, & avec les heures les jours, les mois, les années, les siècles. Pour moi, il me semble que je suis rassasiée, si je les vois avec leur air d'ostentation, si devant moi cette nymphe s'estime la sœur des déesses, parce qu'elle traîne une plus longue queue; si ce seigneur écarte les autres à coups de coude, pour être plus rapproché de Jupiter; si ce courtisan se rengorge de ce qu'il porte une chaîne plus pesante à son cou pour faire étalage non-seulement de sa richesse, mais aussi de sa force.

Venons à l'ordre des Papes, des Cardinaux & des Evêques : il y a longtemps que ceux-ci se mêlent d'imiter bravement la vie des princes & des grands, s'ils ne les ont pas surpassés. Je voudrais qu'un de ces Evêques étudiât ce que signifie son rochet de lin, éclatant d'une blancheur neigeuse, symbole d'une vie sans tache; ce que veut dire cette mitre à deux cornes rattachées d'un seul nœud, emblème de la connaissance accomplie des deux Testaments; ces mains gantées qui représentent un cœur épuré de toute contagion mondaine dans l'administration des sacrements; cette crosse où s'attache l'idée de la vigilance sur le troupeau confié; cette croix

qui vient attefter la pleine victoire fur toutes les paffions humaines. Ah! fi notre Evêque mettait ces penfées devant fes yeux & beaucoup d'autres du même ordre, il mènerait certes une exiftence anxieufe & foucieufe! Mais nos prélats ne vivent que pour leur agrément. Du refte, ils confient le fouci de leurs brebis au Chrift lui-même ou s'en déchargent fur leurs grands vicaires. Or ils ne fe fouviennent même pas de leur nom qui implique le travail, le foin, la follicitude paternelle. Mais, pour attirer de

l'argent, ils s'en fouviennent fort bien. « Et ce n'eſt pas une vaine ſpéculation. »

Dans le même genre, les Cardinaux ſe vantent bien d'être les ſucceſſeurs des apôtres : s'ils penſaient qu'on doit avoir pour eux les mêmes exigences, qu'ils ne ſont pas des maîtres, mais des adminiſtrateurs quant aux biens ſpirituels, & qu'ils doivent rendre à échéance rapprochée le compte de cette adminiſtration ! Suppoſons qu'ils s'interrogent auſſi à propos de leur équipage. Que ſignifie, devront-ils ſe dire, cette

blancheur du rochet? fi ce n'eft l'entière & fuprême innocence. Et cette foutane de pourpre? finon l'ardent amour de Dieu. Pourquoi cette cape, à l'extérieur fi large, aux plis finueux, enveloppant même la mule du révérendiffime, & qui fuffirait encore à couvrir un chameau? n'eft-ce pas l'emblème d'une charité étendue, prête à fecourir tous les êtres, c'eft-à-dire à inftruire, à exhorter, à confoler, à reprendre, à confeiller, à calmer la furie de la guerre, à réfifter aux mauvais princes & à répandre volontiers fon fang, auffi bien que fes richeffes, pour le troupeau de l'Église. Alors pourquoi tous ces revenus dans les mains de nos fucceffeurs des apôtres ? Ah ! fi les Cardinaux faifaient de telles réflexions, ils ne brigueraient pas cette dignité ou bien ils s'empreffferaient de s'en démettre, ou bien encore ils mèneraient une vie de labeur & d'anxiété, telle que l'exiftence des prémiers apôtres.

Arrivons aux Papes qui tiennent la place du Chrift : s'ils s'appliquaient à rivalifer la vie de leur maître, en imitant fa pauvreté, fes travaux, fa doctrine, fa croix, fon mépris de l'exiftence ; s'ils penfaient feulement à ce nom de Pape, c'eft-à-dire de Père, le plus facré de tous, quels gens feraient plus affligés fur terre ? qui voudrait acheter ce rang fuprême au prix de tous fes biens ? ou le conferver avec le glaive, le poifon & tous les procédés de la violence ? qu'ils perdraient de leurs avantages, fi la fageffe s'emparait une fois de leur efprit, que dis-je la fageffe ! s'ils avaient feulement un grain de ce fel dont parle le Sauveur. Ils abandonneraient tant de richeffes, tant d'honneurs, tant de puiffance, tant de victoires, tant d'offices, tant de difpenfes & d'indulgences, tant de chevaux, de mules, de gardes, de délices de toute forte. Vous voyez quelle moiffon de biens, quels flots d'honneurs ils facrifieraient, & à la place il leur faudrait fubftituer les veilles, les jeûnes, les larmes, les oraifons, les prédications, les études, les foupirs & mille autres exercices de même nature. Ne négligeons pas tant d'écrivains, de copiftes, de notaires, d'avocats, de promoteurs, de fecrétaires, de muletiers, d'écuyers, d'officiers de table, d'entremetteurs (j'adoucis la chofe par refpect pour les oreilles tendres), enfin une telle foule de parafites qui maintenant furcharge la cour de Rome & qui ferait réduite à mourir de faim. Ce ferait un acte barbare, abominable, encore plus déteftable de rappeler à la beface & au bâton apoftoliques ces princes fouverains de l'Églife, vrais flambeaux du monde. En effet, c'était à Pierre, à Paul, de vivre de labeur; pour leur part, nos Papes revendiquent l'éclat & la volupté.

Auffi nulle efpèce de gens ne vit davantage dans la molleffe & dans l'infouciance que ces Pontifes qui croient avoir affez fait pour le Chrift, s'ils jouent leur rôle épifcopal avec des ornements myftiques & prefque fcéniques, au milieu des cérémonies, parmi les titres de béatiffime, de fanctiffime, de révérendiffime, au milieu des bénédictions & des malédictions. Faire des miracles, ce ferait chofe obfolète, furannée, manquant d'actualité; enfeigner le peuple, quelle fatigue ! expliquer l'Écriture fainte, cela fent l'école; prier, il faudrait avoir du loifir ; pleurer, c'eft un acte piteux & de femmelette ; être pauvre, quelle horreur ! fe laiffer vaincre, quelle honte & quelle indignité pour un homme qui daigne à peine admettre à lui baifer les pieds l'élite des monarques ! Enfin mourir, c'eft de toutes chofes la moins aimable. Je ne parle pas du martyre fur la croix, ce ferait s'encanailler !

Il refte donc aux papes, en guife d'armes, ces douces bénédictions dont parle faint Paul & dont ils ne font pas ménagers, les interdictions, les fufpenfions, les aggravations, les anathèmes, les peintures vengereffes & ce foudre terrible par lequel, d'un feul gefte, ils envoient les âmes des mortels au-delà du Tartare. Cependant nos très-faints pères en Chrift, nos vicaires en Chrift, n'emploient jamais avec plus d'âpreté ces inftruments de ruine que contre ceux qui, à l'inftigation du diable, s'efforcent de diminuer & de rogner le patrimoine de faint Pierre. Ce dernier difait à fon Maître : « Nous avons tout abandonné pour te fuivre. » Et voilà que le patrimoine de faint Pierre fe compofe de champs, de villes, d'impôts, de douanes, de domaines. C'eft pour défendre tous ces tréfors qu'embrafés du zèle de Jéfus-Chrift nos papes combattent avec le fer & le feu, non fans effufion du fang chrétien; alors feulement ils croient foutenir apoftoliquement la caufe de l'Églife en

combattant jufqu'au bout fes ennemis. Comme fi l'Églife avait de pires ennemis que ces pontifes impies, qui laiffent s'abolir dans le filence la doctrine du Chrift, qui la tiennent enchaînée par des lois vénales, l'altèrent par des interprétations forcées, & enfin l'anéantiffent par la peftilence de leurs exemples!

D'ailleurs, comme l'Églife chrétienne eft née dans le fang, a été confirmée par le fang, accrue par le fang, les papes la gouvernent auffi par le fang, comme s'il n'y avait plus de Chrift pour la protéger; ils en appellent à la guerre. La guerre eft de fa nature une chofe tellement monftrueufe qu'elle convient mieux aux fauves qu'aux hommes, tellement furieufe que les poëtes en attribuent l'origine aux Furies, tellement contagieufe qu'elle infecte les mœurs partout fur fon paffage, tellement injufte que les plus grands fcélérats y font les plus capables, tellement facrilége qu'elle n'a aucun rapport avec le Chrift! & pourtant voilà ce qui, au détriment de tout autre foin, eft la grande occupation de certains Papes.

Dans le nombre vous voyez des vieillards qui déploient l'énergie des jeunes gens & ne fe laiffent pas arrêter par les dépenfes, ni fatiguer par les labeurs, & qui ne fe font pas le moindre fcrupule de bouleverfer les lois, la religion, la paix & toutes les chofes humaines. Il ne leur manque pas de doctes adulateurs prêts à qualifier cette fureur manifefte de zèle, de piété, de vaillance; ils trouvent des arguments pour juftifier celui qui tire le glaive meurtrier & l'enfonce dans la poitrine de fon frère, fans enfreindre, difent-ils, la charité, qui eft le grand commandement du Chrift. Au refte, je me demande de qui vient l'exemple, des papes ou de certains évêques allemands, qui, fans fouci du culte, des bénédictions, des cérémonies, ouvertement font les fatrapes, à tel point qu'ils eftiment digne d'un

lâche & indigne d'un évêque de rendre à Dieu, ailleurs que fur un champ de bataille, leur âme belliqueufe. Le commun des prêtres, dans leur grande crainte de ne pas fuivre l'exemple de leurs prélats, combattent avec une affurance toute militaire pour la revendication de leurs dîmes; épées, javelots, pierres, toute efpèce d'armes, rien ne leur fait défaut. Comme ils ont les yeux grand ouverts quand ils peuvent extraire certains paffages des anciens, dont ils alarment le populaire, pour lui perfuader qu'il leur doit la dîme & plus encore ! Mais il ne leur vient pas à l'efprit de lire tout ce qui eft écrit au fujet de leurs devoirs envers ce même peuple. Leur tonfure ne les avertit pas qu'un prêtre doit être libre de tous les défirs du monde, & ne fonger qu'aux chofes céleftes. Bien au contraire, ces voluptueux fe croient quittes de leurs devoirs s'ils ont marmonné leur bréviaire. Et de quelle façon? aucun dieu ne faurait les entendre ni les comprendre : eux-mêmes ne s'entendent pas & ne fe comprennent point, mâchonnant tout entre les dents. Au moins ont-ils cela de commun avec les laïques que, pour leur récolte d'argent, ils font pleins de vigilance & qu'ils ne laiffent ignorer à perfonne les obligations à leur endroit. Eft-il une fonction pénible? ils fe la renvoient l'un à l'autre, comme au jeu de la raquette. Beaucoup d'entre eux reffemblent à ces princes laïques, lefquels délèguent à des procurateurs une partie de leur royaume à adminiftrer : ceux-ci repaffent la délégation à des inférieurs. Tels ces prêtres fe déchargent fur leurs ouailles du poids de la dévotion & de la piété. Leurs ouailles le leur renvoient à ces gens que l'on appelle eccléfiaftiques, comme fi les fidèles n'avaient rien de commun avec l'Églife, comme fi les vœux du baptême n'étaient qu'une vaine cérémonie. Bien des prêtres fe font appeler féculiers, comme s'ils étaient initiés au monde et non au Chrift ; alors ils rejettent leur charge pieufe fur les réguliers, ceux-ci fur les moines, les moines relâchés fur les moines ftricts, & tous fur les mendiants, et les mendiants fur les chartreux, chez qui la piété eft bien enfevelie, fi cachée qu'à peine peut-on l'y découvrir. De même les papes, très-diligents pour la moiffon pécuniaire, renvoient les travaux apoftoliques aux évêques, ceux-ci aux curés, ceux-là aux vicaires, les vicaires aux frères mendiants, & ceux-ci enfin aux gens qui favent bien tondre la laine des brebis.

Cependant il n'eft pas dans mon fujet d'examiner à fond la vie des Papes & des prêtres : je ne voudrais point avoir l'air de tramer une fatire au lieu de développer mon propre éloge ; n'allez pas croire qu'en louant les mauvais princes je cenfure les bons. J'ai touché chaque état à la furface pour démontrer qu'aucun homme ne peut vivre heureux s'il n'eft initié à mes rites, s'il n'eft favorifé par moi. En effet, la déeffe de Rhamnunte, la difpenfatrice du bonheur & du malheur, eft tellement d'accord avec moi qu'elle a toujours été l'ennemie des Sages, prodiguant fes biens aux Fous pendant leur fommeil. Vous connaiffez un certain Timothée qui avait comme devife : « Tout vient à mon filet de dormeur », & cette autre encore : « Le hibou de Minerve

vole pour moi ». On dit, au contraire, des Sages :
« Ils ſont nés au quatrième jour de la lune » ;
ou bien : « Ils ſont montés ſur le cheval de
Séjan, ils ont de l'or de Toulouſe ». Mais je
m'arrête pour ne point paraître atteinte de la
manie des proverbes; on dirait que j'ai pillé les
commentaires de mon Eraſme.

Allons au fait, la Fortune aime les gens irré-
fléchis; elle ſeconde les téméraires, ceux qui
diſent : « Les dés ſont jetés. » La Sageſſe ne fait
que des timides; auſſi voyez-vous généralement

DE LA FOLIE. 165

les Sages enfoncés dans la pauvreté, dans la
faim, dans la fumée; les Fous, au contraire,
regorger de richeſſes, être appelés au gouvernail
de l'État, enfin devenir floriſſants de toute
manière. En effet, ſi l'on fait conſiſter le bonheur à plaire aux princes & à obtenir ſa place
parmi les idoles de pierreries & d'or, quoi de
plus inutile que la ſageſſe, quoi même de plus
dépriſé dans les cours? Voulez-vous acquérir
des richeſſes? Quel ſera le gain d'un trafiquant
ſi, par fidélité à la ſageſſe, il s'offenſe d'un par-

jure; s'il rougit, pris en flagrant délit de mensonge ; s'il approuve quelque peu les fcrupules anxieux des Sages, fes confrères, fur la fraude & fur l'ufure? Convoitez-vous les dignités, les biens eccléfiaftiques? Un âne ou un brutal y arrivera plus tôt qu'un philofophe. Seriez-vous ravi par les voluptés amoureufes? Les femmes qui en font l'objet font de tout leur cœur avec les Fous; elles haïffent & fuient le Sage comme des fcorpions. Enfin, quiconque veut jouir de la vie doit d'abord exclure les Sages & fréquenter plutôt le premier animal venu. En un mot, de quelque côté que vous vous tourniez, princes, juges, magistrats, amis, ennemis, grands, petits, tous n'en veulent qu'à l'argent comptant; le Sage méprise l'argent : on a donc grand soin de le fuir.

Cependant, quoique mon éloge soit inépuisable, il sied qu'un discours ait une fin : aussi m'arrêterai-je bientôt; mais je veux d'abord vous faire connaître de grands auteurs qui m'ont illustrée par leurs écrits & leurs actions; les Sages ne diront point que je ne plais qu'à moi seule, & les légistes ne prétendront pas que je ne puis trouver de citations en ma faveur. Citons donc comme eux, c'est-à-dire à tort & à travers.

D'abord ce proverbe est universellement reçu : « Quand la chose est absente, le simulacre est excellent. » C'est avec raison qu'on enseigne aux enfants cette maxime : « C'est une grande sagesse que de savoir simuler la folie. » Vous jugerez par là que la Folie est un grand bien, puisque son ombre trompeuse, ses dehors reproduits obtiennent tant de louanges des savants. Horace, qui lui-même s'assimile au gras & luisant troupeau d'Épicure, prescrit de mêler à la sagesse une folie, il est vrai passagère, a-t-il finement ajouté. De même il a dit ailleurs : « Une courte folie est charmante. » Ailleurs encore,

il aime mieux paraître infenfé & ignorant que d'être fage & enragé. Homère loue de cent façons Télémaque, & pourtant il ne laiffe pas de l'appeler quelquefois « fot enfant, » & quelquefois, comme de bon augure, cette épithète eft affectée par les tragiques aux jeunes gens, aux adolefcents. Quel eft le thème de la fainte Iliade? finon les fureurs des rois & des peuples. Cicéron n'a jamais mieux parlé qu'en difant : « Tout eft plein de folie. » Or, perfonne n'ignore que plus un bien eft étendu, plus il a d'excellence.

Mais l'autorité de tels écrivains peut être médiocre chez des chrétiens. Je fonderai donc mon éloge fur le témoignage des faintes Écritures, je l'établirai très-logiquement. Chofe malaifée, direz-vous, & tâche pénible pour laquelle il faudrait rappeler les mufes de l'Hélicon ; mais ce ferait un grand voyage pour une chofe fi étrangère aux neuf Sœurs. Peut-être me conviendrait-il davantage, puifque je fais la théologienne & que je m'aventure dans les épines, d'évoquer l'efprit de Scot & de le faire émigrer de la Sorbonne dans mon âme : car cet efprit eft plus pointu que le porc-épic & le hériffon. Puiffe-t-il enfuite s'en aller où il voudra, même « chez les corbeaux ». Plût au ciel que je puffe auffi changer de vifage & revêtir un habit à la théologique. Je crains pourtant que l'on ne m'accufe de larcin, comme fi j'avais pillé furtivement le tréfor de nos maîtres en fcolaftique, quand on me verra fi favante en théologie. Mais il n'eft pas fi étonnant, en raifon de mes relations fi longues & fi étroites avec les théologiens, que j'aie pris quelque chofe de leur fcience. Pourquoi pas? Priape, ce dieu des jardins, a bien appris & retenu quelques mots grecs en écoutant fon maître qui lifait. Et ce coq de Lucien? n'a-t-il pas, dans la longue fociété des hommes, réuffi à attraper la voix humaine? Mais venons au fujet fous de favorables aufpices.

L'Eccléfiafte a écrit en fon premier chapitre : « Le nombre des Fous eft infini. » Or ce nombre infini embraffe tous les mortels, fauf quelques-uns : je ne fais même pas fi on les a jamais connus. Jérémie avoue la chofe plus ingénuement au chapitre dixième : « L'homme, dit-il, eft devenu fou par excès de fageffe. » A Dieu feul il attribue la fageffe & laiffe à tous les hommes la folie en partage. Et il dit un peu plus loin : « Que l'homme ne fe glorifie point

en fa fageffe. » Pourquoi ne veux-tu pas, mon
brave Jérémie, que l'homme tire gloire de cette
fameufe fageffe? C'eft, me répondra-t-il, que
l'homme n'a point de fageffe. Mais revenons à
l'Eccléfiafte : « Vanité des vanités & tout eft
vanité ! » Quel eft le fens de cette exclamation,
finon, comme nous l'avons dit, que la vie
humaine n'eft qu'un jeu de la Folie? Cicéron
n'ajoute-t-il pas « un caillou blanc » à mes
louanges, quand il fait entendre cette grande
parole par moi déjà rapportée : « Tout eft plein

de folie. » Et cet habile Eccléfiafte ne dit-il pas encore : « Le Fou change comme la lune, le Sage eft conftant comme le foleil. » Qu'entend-il, finon que toute la race humaine eft folle & qu'à Dieu feul appartient le titre de fage. En effet, les interprètes traduifent la lune par la nature humaine, & le foleil, fource de toute lumière, par Dieu. Le Chrift vient les corroborer, quand il réferve dans fon Evangile pour Dieu feul le titre de bon. Si donc fage & bon font deux termes identiques, au dire des Stoïciens, & fi la folie exclut la fageffe, comme de jufte, il en réfulte que tout ce qui eft mortel & en dehors de Dieu doit être englobé dans la folie.

Écoutons encore Salomon en fon chapitre dixième : « La Folie, dit-il, eft joie pour le fou. » Il avoue par là que, fans la Folie, il n'y a rien d'agréable en ce monde. Il dit ailleurs dans le même fens : « Celui qui augmente fa fageffe augmente fes douleurs, &, plus on fent, plus on fouffre. » N'eft-ce pas encore la même penfée au chapitre feptième ? « La trifteffe habite le cœur des Sages & la joie le cœur des Fous. » Non content d'apprendre à fond la fageffe, il a voulu auffi me bien connaître. Si vous en doutez, voici les paroles qu'il a infcrites en fon premier chapitre : « J'ai appliqué mon efprit à connaître la prudence & la doctrine,

les erreurs & la Folie. » Remarquez qu'il fait mon éloge en me nommant la dernière. Voilà ce qu'écrit l'Eccléfiafte. Or, dans l'ordre eccléfiaftique, le premier en dignité eft le dernier par le rang, conformément à l'Évangile. Mais que la Folie foit de plus haut prix que la fageffe, l'Eccléfiafte le fait bien comprendre en fon chapitre quatrième. Cependant je ne rifquerai pas cette citation avant de vous prier de répondre favorablement à mes queftions, comme chez Platon ceux qui difputent avec Socrate.

Vaut-il mieux mettre de côté ce qui eft rare & précieux ou bien ce qui eft vulgaire & vil? Vous vous taifez. Ce proverbe grec me répond à votre place : « On laiffe la cruche à la porte. » De peur que vous ne rejetiez cette fentence avec une promptitude facrilége, je vous avertis qu'elle eft d'Ariftote, le dieu de nos maîtres. Voyons encore. Quelqu'un d'entre vous ferait-il affez inconfidéré pour laiffer fur le grand chemin or & bijoux ? Je n'en crois rien. Vous dépofez ces objets précieux dans les endroits les plus retirés, au coin le plus fecret du coffre-fort, &, ce qui ne vaut rien, vous l'expofez à tous les allants & venants. Si donc la prudence met en réferve les chofes de prix, fi l'on abandonne au hafard ce qui n'a pas de valeur, n'eft-il pas évident que la fageffe qui défend de diffimuler vaut moins que la Folie qui ordonne de cacher ? Écoutez fes propres paroles : « L'homme qui recèle fa folie vaut mieux que l'homme qui cache fa fageffe. » Bien mieux, la candeur d'âme eft attribuée au Fou par les faintes Écritures, cependant que le Sage fe croit fupérieur à tous les autres. C'eft ainfi que j'entends ce paffage de l'Eccléfiafte, au chapitre dixième : « Quand le Fou fe promène, il s'imagine que tous font Fous comme lui. » N'eft-ce pas l'indice d'une rare candeur de s'affimiler à tous les hommes, tandis que chacun fe met à part d'après fon opinion de lui-même, & d'être difpofé à communiquer aux autres fes propres mérites ?

Salomon lui-même n'a pas rougi de la Folie : en fon troifième chapitre ne fe proclame-t-il pas le plus fou des hommes ? Et ce faint Paul, ce grand docteur des Gentils, dans fes épîtres aux Corinthiens, affume volontiers le furnom de fou : « Fou, dit-il, je le fuis plus qu'eux, comme fi c'était une honte d'être furpaffé en folie. » Mais voici tous ces petits Grecs qui bourdonnent contre moi, cherchant à crever les yeux même aux corneilles de la théologie, répandant leurs brouillards, leurs fumées! Si je n'ai pas pour moi l'alpha, le bêta de cette bande, je revendique Erafme que fouvent je rappelle pour m'en faire honneur. « Citation vraiment fotte », répètent-ils, & bien digne de la fameufe Moria. La penfée de l'apôtre n'eft pas telle que tu le rêves. Il ne fe propofe pas, dans ces paroles, de paffer pour plus fou que les autres, mais après avoir dit : « Ils font miniftres du Chrift & moi également »; après s'être égalé fur ce point aux autres, il ajoute en manière de correction : « & je le fuis davantage », car il comprenait que non-feulement il était l'égal des autres apôtres dans le miniftère de l'Evangile, mais en quelque forte leur fupérieur. Auffi comme il voulait dire la vérité, fans choquer les oreilles par aucune déclaration arrogante, il s'eft prémuni du prétexte de la Folie : il fe difait fou, parce que les fous ont feuls le privilége de parler fans offenfer.

Quel que foit le fens que faint Paul ait vifé dans ce paffage, je l'abandonne aux ergoteurs pour m'attacher à ces grands, gros & gras théologiens avec qui la plupart des docteurs préféreraient errer plutôt que d'être dans le vrai avec ces gens à triple idiome. Ces Grécules on n'en fait pas plus de cas que des geais. Je pourrais invoquer un glorieux théologien dont je fupprime prudemment le nom pour que nos petits geais ne le pourfuivent pas de leurs invectives grecques en rappelant « l'âne près de la lyre ». C'eft en maître de théologie que notre homme explique ce paffage : « Je le dis avec moins de fageffe, je le fuis plus qu'eux. » Il en fait un nouveau chapitre &, ce qui demande une dialectique confommée, il ajoute une nouvelle fection ; je citerai fes paroles en forme comme en matière : « Je vous le dis moins fagement, c'eft-à-dire, fi je vous parais fou, en m'égalant aux faux apôtres, je vous paraîtrai encore moins fage en me préférant à eux. » Puis le docteur, comme par oubli, fe jette fur une autre matière. Mais pourquoi me tourmenter fur l'interprétation d'un feul théologien? quand tous les théologiens ont comme un droit

public d'étendre le Ciel, c'eſt-à-dire l'Écriture, comme une peau; quand, chez ſaint Paul, certaines paroles ſemblent contraires aux ſaintes Écritures qui, à leur place, ne s'en écartent plus. S'il faut en croire ſaint Jérôme, l'homme aux cinq langues, Paul avait vu à Athènes un autel avec une inſcription qu'il tortura à l'avantage de la foi chrétienne, &, tronquant dans cette inſcription tout ce qui pouvait nuire à ſa cauſe, il en détacha ſeulement les derniers mots, c'eſt-à-dire « Au Dieu inconnu ». Encore

les changea-t-il quelque peu, car voici l'infcription dans fon intégrité : « Aux dieux de
l'Afie, de l'Europe & de l'Afrique, aux dieux
inconnus & étrangers. » C'eft à cet exemple, je
penfe, que nos « fils de théologiens », arrachant
quatre ou cinq mots par ci par là, altérant le
fens des phrafes, les accommodent à leurs
befoins, quand même ce qui précède & ce qui
fuit n'a aucun rapport avec ce qu'ils veulent
faire entendre ou même fe trouve en abfolue
contradiction. Et ils font néanmoins cette falfi-
fication avec une telle impudence que fouvent
les jurifconfultes leur portent envie.

Pourquoi cela ne leur réuffirait-il pas quand
ce grand théologien (j'avais failli lâcher fon
nom, mais je crains encore « l'âne à la lyre »),
a interprété dans l'Evangile felon faint Luc
un paffage où il s'accorde avec l'efprit du
Chrift comme l'eau avec le feu. En effet, fous
la menace des périls fuprêmes, dans un de ces
moments où d'habitude les clients fe mettent
à la difpofition de leurs patrons & les affiftent
comme des combattants de toutes leurs forces,
le Chrift, ayant en vue d'élever fes apôtres
au-deffus de la confiance des fecours humains,
leur demanda fi rien leur avait jamais manqué,
lorfqu'il les avait envoyés quelque part. Cependant ils n'avaient ni reffources de voyages, ni
chauffures pour fe protéger des épines & des

pierres, ni fac de provisions en l'encontre de la faim. « Rien ne nous a manqué » répondirent-ils. Alors le Chrift ajouta : « Que celui d'entre vous qui a un fac ou un biffac les dépofe; & que celui qui n'a pas de glaive, pour en acheter un, vende fa tunique. » Toute la doctrine évangélique n'inculquant pas autre chofe que la manfuétude, la tolérance, le mépris de la vie, qui ne pénétrera pas la penfée du Chrift en cet endroit ? Il veut fans doute armer de plus en plus fes lieutenants, de façon à ce qu'ils rejettent non-seulement souliers & bissac, mais leur tunique même pour courir nus & dégagés au service de l'Évangile : il veut qu'ils se procurent seulement un glaive, mais quel glaive ? non pas celui dont les brigands se servent pour leurs crimes, mais le glaive de l'Esprit-Saint qui pénètre dans les intimes replis du cœur, qui tranche toutes les passions de manière à ne laisser que la piété dans ces profondeurs de l'âme.

Or, voyez comme notre fameux théologien met ce passage à la torture. Par glaive il entend le droit de se défendre contre la persécution; par petit sac la provision de vivres suffisante, comme si le Christ avait subitement changé d'avis, en s'apercevant qu'il avait mis en route ses prédicateurs dans un appareil peu royal; comme si le Christ chantait la palinodie. Il aurait donc oublié tous ses enseignements, la promesse du bonheur garantie aux apôtres pour les temps d'épreuves outrageantes, d'affronts & de supplices, & sa défense de résister aux méchants : car le bonheur était pour les doux, non pour les hautains. Il aurait oublié l'exemple cité des passereaux & des lis ! Et il ne veut pourtant pas que ses apôtres partent sans glaive, puisqu'il leur recommande d'échanger au besoin une tunique contre une épée & d'aller plutôt nus que sans cette épée. En outre, comme dans

ce nom d'épée notre théologien comprend tout ce qui peut fervir à repouffer une attaque, il comprend fous le nom de bourfe tout ce qui renferme les commodités de la vie. Et ainfi cet interprète de l'efprit divin nous montre les apôtres munis de lances, de baliftes, de frondes & de bombardes, pour aller prêcher un Crucifié; il les furcharge auffi de bourfes, de valifes, de bagages, de manière à ne jamais fortir de l'auberge finon bien raffafiés.

Notre homme ne s'eft pas davantage ému de

ce que Jéfus-Chrift ordonne bientôt après fur un ton d'adjuration de remettre dans le fourreau l'épée qu'il avait fait acheter. Et les apôtres pourtant ne s'étaient pas fervi d'épées ou de boucliers contre la violence des Païens. Ils euffent dû s'en fervir fi telle avait été la penfée du Chrift, fuivant l'interprétation de ce cafuifte. Or, il eft un autre docteur, que par refpect je ne nomme pas, & cependant nullement des derniers, qui de ce verfet d'Habacuc relatif aux Madianites : « les peaux de la terre de Madian feront troublées » a fait la peau de faint Barthélemy l'écorché. J'ai moi-même affifté, ce que je fais fouvent, à une controverfe théologique. Quelqu'un recherchait d'après quel témoignage des faintes Écritures on ordonnait de brûler les hérétiques plutôt que de les convaincre par la difcuffion. Un barbon, d'afpect refrogné, qu'à fon fourcil on eût reconnu pour théologien, répondit avec un grand emportement que cette loi avait été portée par l'apôtre Paul qui avait dit en propres termes : « Évitez l'hérétique après l'avoir repris une & deux fois. » Il faifait tonner ces mots, & tous le croyaient atteint de frénéfie : enfin il expliqua de cette façon la parole de l'Apôtre : « Il faut retrancher l'hérétique de la vie » confondant *de vita* avec *devita*. Il fe trouva des auditeurs pour rire, mais il n'en manqua

pas pour eſtimer ce commentaire d'une rare profondeur théologique. Cependant, comme tout le monde n'était pas du même avis, notre théologien prit la hache de Ténédos & s'écria : « Écoutez la parole ; il eſt écrit de ne pas laiſſer vivre le malfaiſant : or tout hérétique eſt malfaiſant : concluez. » Pour le coup on admira l'ingénieux barbon & l'on ſe rangea d'enthouſiaſme à ſon avis en faiſant réſonner de lourdes chauſſures. Or, il ne vint à l'eſprit de perſonne que cette loi atteignait uniquement les forciers, enchanteurs & magiciens qu'en langue hébraïque on appelle malfaisants : autrement il faudrait punir de mort la fornication & l'ivresse. Mais je m'arrête à des niaiseries dont le nombre est si grand que les ouvrages de Chrysippe, de Didyme ne pourraient les comprendre. Voilà seulement ce que je veux rappeler : si l'on accorde tant de licences à ces *divins Maîtres*, vous me concéderez bien quelque inexactitude dans les citations, à moi théologienne de figuier.

Je reviens enfin à saint Paul. Il nous dit encore, en parlant de lui-même : « Vous supportez aisément les fous. » Et plus loin : « Accueillez-moi comme fou, » & aussi : « Je ne parle pas selon Dieu, mais comme si j'étais fou ; » &, dans un autre endroit : « Nous sommes fous pour Jésus-Christ. » Voyez, dans la bouche de quel témoin, quel éloge de la Folie ! Eh quoi ! ne prescrit-il pas la Folie comme une chose nécessaire avant tout au salut ? « Celui d'entre vous qui veut être sage, qu'il embrasse la folie pour devenir sage. » Et, dans saint Luc, Jésus-Christ n'appelle-t-il pas Fous les deux disciples qu'il avait rejoints sur le chemin ? Mais, ce qui vous paraîtra sans doute étrange, c'est qu'à la divinité même saint Paul attribue un grain de folie. Ne dit-il pas : « La folie de Dieu est plus sage que la sagesse humaine. » Or, fuivant l'explication d'Origène, on ne peut ramener cette folie à l'opinion des hommes, pas plus que cet autre paffage : « Le myftère de la croix eft folie pour ceux qui périffent. » Pourquoi me fatiguer par toutes ces recherches? Le Chrift, dans fes pfaumes, dit à fon Père : « Tu connais ma folie. » Et ce n'eft pas fans raifon que les fous ont toujours été chers à Dieu. Je crois en favoir la caufe. De même que les princes ont en fufpicion & en haine les gens trop raifonnables, comme, par exemple, Jules Céfar à l'endroit de Brutus & de Caffius, cependant qu'il ne redoutait rien de l'ivrogne Antoine; comme Néron à l'égard de Sénèque, Denys vis-à-vis de Platon, tous tyrans faifant leur fociété des efprits épais & groffiers; de même le Chrift abomine toujours & réprouve ces *fages* qui mettent leur feul appui dans leur philofophie. Voilà bien ce qu'attefte faint Paul, fans la moindre obfcurité, quand il dit : « Dieu a choifi dans le monde ce qu'il y a de fou, » & qu'il ajoute : « Dieu a jugé à propos de fauver le monde par la Folie, » voulant faire entendre qu'il ne pouvait le rétablir par la fageffe. Dieu lui-même nous dit, par la bouche du prophète Ifaïe: « Je perdrai la fageffe des fages & je réprouverai la prudence des prudents. » Ne rend-il pas grâces à lui-même d'avoir caché le myftère du falut aux Sages & de

l'avoir découvert aux petits, c'eſt-à-dire aux Fous. Car en termes grecs, pour indiquer les petits, il oppoſe νηπίοις (inſenſés) à σοφοῖς (ſages). Rapportons encore à cela tous les paſſages épars dans l'Evangile, où le Sauveur, attentif à protéger la foule, eſt ſans ceſſe à pourſuivre les phariſiens, les ſcribes & les docteurs de la loi. Autrement, que voudraient dire ces paroles : « Malheur à vous, ſcribes & phariſiens, » ſinon : « Malheur à vous, ô ſages ! » Jéſus-Chriſt paraît avoir fait ſes délices des gens de rien, des femmes

& des pêcheurs. Bien plus, parmi tant d'espèces de bêtes, celles-là font le plus agréables au Christ qui s'éloignent le plus de la prudence du renard. Aussi préféra-t-il monter sur un âne quand il aurait pu, s'il l'avait voulu, s'avancer sur un lion. Le Saint-Esprit est descendu sous la forme de colombe & non sous les dehors d'un aigle ou d'un milan. De plus, il est fréquemment parlé dans les saintes Écritures, de cerfs, de faons, d'agneaux. Ajoutez que le Sauveur appelle ses brebis ceux qu'il destine à la vie éternelle. Or, rien n'est plus sot que la brebis. Un proverbe d'Aristote l'atteste : « Tête de brebis », proverbe qui, puisé dans la stupidité de cet animal, s'applique à tous les ineptes, à tous les barbares avec une portée injurieuse. Voilà le troupeau dont le Christ se proclame le pasteur ! Lui-même a volontiers reçu le nom d'agneau. C'est ainsi que Jean-Baptiste le désigne : « Voici l'agneau de Dieu. » C'est sous cette figure qu'il est le plus souvent indiqué dans l'Apocalypse.

Qu'est-ce que tout cela veut dire ? sinon que tous les mortels sont fous, même les zélateurs de la piété. Car le Christ lui-même, pour venir en aide à la folie humaine, le Christ, la Sagesse du Père, s'est rendu en quelque sorte fou, en s'unissant à la nature humaine, de même qu'il s'est fait péché pour remédier au péché. Pour

guérir le monde, il n'a pas employé d'autre méthode que la folie de la croix, d'autres inftruments que des apôtres idiots & grofliers. A fes apôtres il recommande la Folie, en les détournant de la fageffe : il leur propofe en exemple les lis, les enfants, les paffereaux, le grain de fénevé, tous êtres fans raifon & fans malice, guidés dans leur exiftence par l'inftinct de la nature, exempts d'artifice & même de tous foucis. Ne leur défend-il pas de s'inquiéter d'avance quand ils auront à parler devant les grands? ne leur interdit-il point d'obferver la mefure des temps? Il voulait fans doute les empêcher de prendre fur leur propre fageffe un point d'appui, au lieu de dépendre entièrement de lui feul. Voilà pourquoi le divin Architecte défendit à nos premiers pères de rien toucher à l'arbre de fcience, comme fi la fcience était le poifon de la félicité. Or, faint Paul rejette la fcience comme pernicieufe & faite pour enfler le cœur. Saint Bernard fuivait les mêmes principes lorfqu'il qualifie de « montagne de la fcience » le mont où Lucifer avait fixé fon féjour.

Preuve qui n'eft pas à dédaigner : je dois avoir du crédit dans le ciel, puifqu'on n'y obtient que fous mon nom grâce pour les péchés, tandis qu'il n'y a point de pardon pour le Sage : de là ceux qui demandent grâce, même ayant péché à bon efcient, prennent le prétexte & le patronage de la Folie. C'eft ainfi qu'au douzième livre des Nombres Aaron prie ainfi pour fa fœur : « Seigneur, je t'en fupplie, ne fais point pefer fur nous un péché que nous avons follement commis. » C'eft ainfi que Saül fe repent à l'égard de David : « Il paraît bien, dit-il, que j'ai agi en fou. » David, lui-même, fléchit de la forte le Seigneur : « Je t'en prie, mon Dieu, enlève cette iniquité du compte de ton ferviteur, car nous avons agi follement. »

Il penfait donc bien ne pas obtenir grâce s'il ne mettait en avant fa folie & fon ignorance. Mais ce qui me paraît le plus preffant, c'eft le langage du Chrift fur la croix, priant pour fes amis : « Mon Père, pardonne-leur, car ils ne favent ce qu'ils font. » Ce fut là toute l'excufe invoquée, l'ignorance. De même, faint Paul à Timothée : « J'ai obtenu la miféricorde de Dieu parce que j'ai agi dans l'ignorance, caufe de mon incrédulité. » Qu'était cette ignorance? finon la folie & non la malice? Que veut dire :

« Voilà pourquoi Dieu m'a fait miféricorde, » finon que je n'euffe pas obtenu cette miféricorde fi le patronage de la Folie ne m'eût recommandé. Le Pfalmifte était des nôtres, fans que j'aie penfé à le citer, quand il s'écriait : « Daigne oublier, Seigneur, les fautes de ma jeuneffe & mes ignorances. » Il s'excufe, remarquez-le, fur fa jeuneffe, âge dont je fuis l'affidue compagne, & par les ignorances, au pluriel, notez-le, pour montrer toute l'étendue de fa folie.

Pour en finir avec ce qui ferait infini, pour tout abréger, la religion chrétienne, en fon enfemble, paraît avoir une certaine parenté avec la Folie & nul rapport avec la fageffe. Voulez-vous des arguments à l'appui? Remarquez d'abord que les enfants, les vieillards, les femmes, les fots prennent le plus de plaifir aux facrifices, aux cérémonies du culte; qu'ils fe rapprochent toujours des autels, par la feule impulfion de la nature. Voyez, en fecond lieu, que tous les fondateurs des religions, faifant profeffion d'une fimplicité merveilleufe, ont été les plus acharnés ennemis des belles-lettres. Enfin, il n'eft point de fous plus extravagants que ceux qui ont été faifis tout entiers par l'ardeur de la piété chrétienne; tellement ils répandent leur argent à profufion, ils négligent leurs injures, ils fe laiffent tromper, ils ne font

aucune diſtinction de leurs amis & de leurs ennemis; ils ont la volupté en horreur; ils s'engraiſſent de jeûnes, de veilles, de labeurs, de larmes, d'opprobres; ils n'ont que dégoût pour la vie & qu'impatience de la mort; en un mot, on dirait qu'ils ſont privés de ſens commun, comme ſi leur eſprit avait ailleurs élu domicile & non dans leur propre corps. Que ſont-ils donc, ſinon des Fous? Nous nous étonnerons donc d'autant moins que les apôtres aient pu paraître aux Juifs avoir une pointe de vin, & qu'au juge Feſtus ſaint Paul ait produit l'effet d'un Fou fieffé.

Cependant, puiſque nous avons une fois pris la peau du lion, nous pouvons ſoutenir que la félicité convoitée par les chrétiens, au prix de tant de travaux, n'eſt pas autre choſe qu'une eſpèce de folie & de fureur. Ne prenez pas mes paroles à contre-ſens. Je vais m'expliquer ſur le fond des choſes : La doctrine des chrétiens eſt preſque la même que la théorie platonicienne : l'eſprit eſt enfoncé, enveloppé dans les liens du corps, tellement enchaîné par ſa lourdeur qu'il a grand'peine à contempler le vrai, grand'peine à en jouir : auſſi définit-on la philoſophie une méditation de la mort, parce que la philoſophie ſépare l'âme des objets viſibles & corporels comme le fait la mort. C'eſt pourquoi, tant que l'âme emploie d'une façon normale les organes du corps, on l'appelle ſaine & ſage; mais lorſque l'âme, rompant ſes liens, s'efforce de ſe mettre en liberté & médite une évaſion hors de ſa priſon corporelle, alors on traite de folie cette manière d'agir. Et ſi cette tentative ſe produit par maladie ou défaut des organes, c'eſt du conſentement général une fureur déclarée. Et pourtant nous voyons des hommes de cette eſpèce prédire l'avenir, ſavoir des langues, connaître des littératures qu'auparavant ils n'avaient pas étudiées & manifeſter en eux je ne fais quoi de divin. Ne doutez pas qu'en cette circonſtance l'âme, plus libre de la contagion du corps, ne commence à déployer ſa native énergie. C'eſt pour la même raiſon, je penſe, que les mourants ſemblent montrer des facultés analogues & parler comme en prophètes & en inſpirés. Si la piété provoque de pareils phénomènes, ce n'eſt point ſans doute d'après le même genre de folie, mais cela en approche tellement que la plus grande partie des hommes n'y voit que pure folie, ſurtout quand un très-petit nombre de mortels par leur conduite ſe mettent en dehors de tout le genre humain. Rappelons-nous, à ce propos, le mythe de Platon, la caverne, où des individus enchaînés admirent de pures ombres : un de ces captifs s'enfuit &, de retour dans cet antre, il déroule le tableau des réalités : il ſignale l'erreur de ceux qui ne croient à l'exiſtence de rien en dehors de ces miſérables ombres. Devenu ſage il plaint, il déplore la folie de ces malheureux en proie à de telles illuſions : ceux-ci à leur tour ſe rient du fugitif comme d'un homme en délire & chaſſent ce beau diſeur de vérités.

Il en eſt de même du commun des hommes : ils donnent leur plus grand ſoin aux choſes corporelles & croient à peu près qu'elles exiſtent uniquement. Au contraire, les gens pieux négligent d'autant plus tout ce qui touche au corps

& font tout entiers ravis à la contemplation des choses invisibles. Car ceux-ci accordent le premier rang aux richesses, le second aux jouissances du corps, le dernier à l'esprit : quelques-uns même n'ont pas foi dans l'esprit, ne pouvant l'apercevoir avec leurs yeux. C'est une route tout opposée que prennent les gens qui s'appuient sur Dieu, le plus simple de tous les êtres : après lui ils pensent à la chose la plus voisine de Dieu, à leur âme; ils sont insoucieux du corps, ils méprisent & rejettent la fortune comme un objet de rebut. Ou, s'ils font obligés de s'occuper de ces intérêts matériels, ils le font à regret & avec dégoût, parce qu'ils ont comme s'ils n'avaient point, qu'ils poffèdent comme s'ils ne poffédaient point. Il y a encore plufieurs degrés de différence entre ces hommes.

D'abord, quoique tous les fentiments aient une liaifon avec le corps, cependant il y en a d'efpèces diverfes, de plus groffiers comme le tact, l'ouïe, la vue, l'odorat, le goût. Il en eft de moins corporels, tels que la mémoire, l'entendement, la volonté. L'âme a donc d'autant plus de force qu'elle s'applique plus ou moins. Les hommes pieux, attendu que toute la force de leur âme fe dirige vers les chofes étrangères aux fens groffiers, deviennent, à l'endroit de ces mêmes fens, émouffés & ftupides. Le vulgaire, au contraire, eft toute énergie pour ces fortes de fens & pour les autres toute faibleffe. Voilà comment nous entendons dire que des faints ont bu de l'huile pour du vin. En outre, parmi les paffions de l'âme, s'il en eft qui aient des affinités avec le corps, comme le défir amoureux, l'appétence du fommeil & de la nourriture, la colère, l'orgueil, l'envie, avec ces paffions les dévots font irréconciliables, tandis que le vulgaire les eftime indifpenfables à la vie. Il eft enfuite des paffions comme intermédiaires & naturelles, telles que l'amour de la patrie, la

tendreffe pour les enfants, les parents, les amis. Le commun des hommes leur accorde quelque chofe, mais les gens de piété travaillent à fe les arracher, ou bien ils les fpiritualifent au point d'aimer leurs pères comme s'ils n'étaient pas leurs pères, ou qu'ils ne leur doivent que le corps qui peut encore fe reporter au Père divin, mais comme s'ils étaient des gens de bien dans lefquels fe reflète l'image de cette fuprême intelligence qu'ils appellent le fouverain bien & en dehors de laquelle ils n'admettent rien d'aimable ni de défirable. C'eft d'après cette même règle que nos faintes perfonnes mefurent tous les devoirs de la vie, de telle façon que les chofes vifibles, s'ils ne les méprifent pas fommairement, leur femblent bien inférieures aux chofes invifibles. Ils difent que dans les facrements & les offices de la piété la différence du corps & de l'efprit fe retrouve. Dans le jeûne, par exemple, ils n'eftiment pas beaucoup la feule abftinence de la chair & du fouper, ce qui, pour le vulgaire, conftitue l'obligation du jeûne : il leur faut encore retrancher quelque chofe à leurs paffions, moins accorder que de coutume à l'emportement, à la fuperbe, de telle forte que moins furchargé par la maffe du corps, l'efprit parvient au goût & à la jouiffance des biens céleftes.

Il en eft de même de la meffe : bien qu'ils ne méprifent pas de leur aveu la partie intérieure de ce facrifice, ils la regardent comme inutile & même pernicieufe, s'il ne s'y mêle pas un élément fpirituel, repréfenté par des fignes vifibles. Or, la mort du Chrift y étant figurée, les fidèles doivent la reproduire en domptant, en éteignant, en mettant leurs paffions au fépulcre, pour reffufciter dans une exiftence renouvelée, de façon à ne faire qu'un avec le Chrift & tous leurs frères en Jéfus-Chrift. Tel eft l'état d'efprit des dévots affiftant

DE LA FOLIE. 199

à la meſſe. La foule, au contraire, n'y voit rien que la préſence auprès des autels & le plus près poſſible, que des chants à entendre & des cérémonies à contempler.

Ce n'eſt pas ſeulement dans les choſes que nous avons propoſées en exemple, c'eſt dans toute leur vie que nos modèles de piété ſe ſéparent de tout ce qui peut toucher au corps, ravis par leur eſſor vers l'Éternel, l'inviſible, la pure ſpiritualité. Puiſqu'il y a donc ce déſaccord en toute choſe entre les hommes pieux

& ceux qui ne le font pas, vous devez penfer que mutuellement ils fe font l'effet de véritables fous. Mais ce vocable, à mon avis, convient bien mieux aux dévots qu'au commun des mortels. Cela vous fera beaucoup plus évident fi, comme je l'ai promis, je démontre en peu de mots que cette fouveraine récompenfe à laquelle ils afpirent n'eft pas autre chofe qu'une forte de fureur.

Dites-vous d'abord que Platon a conçu un rêve femblable quand il écrivait que la fureur des amants était de toutes la plus heureufe. En effet, celui qui aime avec paffion, ne vit plus en lui, mais dans la perfonne qu'il aime, &, plus il fort de lui-même, plus il fe tranfforme en l'être aimé, plus il éprouve de délices. Ainfi, quand l'efprit d'un dévot fonge à quitter ce corps en répudiant l'ufage de fes organes, vous appellerez cela de la fureur. Autrement que fignifieraient ces locutions d'ufage commun? « Il eft hors de lui, reviens en toi-même; il eft rentré en lui-même. » En outre, plus l'amour eft parfait, plus la fureur eft éperdue & enthoufiafte. Quelle fera donc la vie des habitants du ciel vers laquelle foupirent fi paffionnément tant d'âmes pieufes? L'efprit, fans doute plus fort & vainqueur, abforbera le corps. Et il le fera d'autant plus aifément que déjà dans la vie d'ici-bas il aura abforbé & exténué le corps. Enfuite l'efprit fera abforbé par la fuprême intelligence qui le dépaffe infiniment : fi bien que l'homme tout entier fera hors de lui & feulement bienheureux, parce que, détaché de foi-même, il fentira je ne fais quel raviffement ineffable de ce fouverain bien qui attire tout à lui. Au refte, quoique cette félicité ne doive être parfaite qu'au moment où les efprits partageront l'immortalité avec le corps recouvré, cependant comme la vie de nos hommes pieux n'eft pas autre chofe que la méditation de la vie éternelle, que l'ombre du paradis, il fe peut qu'en ce monde ils en reffentent quelque avant goût, ils en perçoivent quelque parfum. Ce n'eft pourtant qu'une petite goutte auprès de cette fource d'éternelle félicité & pourtant cette goutte eft préférable à toutes les voluptés du corps, même fi toutes les délices des mortels étaient confondues en un réfervoir. Tellement les chofes fpirituelles font au-deffus des chofes matérielles, les invifibles biens au-deffus des biens vifibles ! Auffi trouvons-nous cette promeffe en un prophète : « L'œil n'a pas vu, l'oreille n'a pas entendu, & vers le cœur de l'homme n'eft point monté ce que Dieu a ménagé pour ceux qui l'aiment. » C'eft là ce genre de Folie qui ne fe perd pas, mais qui fe confomme en paffant de la terre au ciel.

Ceux donc qui ont traverfé de pareils fentiments, & le nombre en eft bien petit, éprouvent une forte de démence; ils difent des mots incohérents, font entendre des fons indiftincts, changent de vifage à tout moment. Tantôt gais, tantôt abattus, on les voit pleurer, rire, foupirer, toujours aux extrêmes, hors d'eux-mêmes. Enfin, quand ils font rentrés dans leur bon fens, ils affurent ne pas favoir où ils ont été, s'ils ont voyagé en corps ou en efprit, dans le fommeil ou en état de veille. Qu'ont-ils entendu, vu, dit, fait? ils n'en ont nul fouvenir, fi ce n'eft comme à travers une nuée ou dans un fonge; ils favent feulement que dans leur folie ils étaient très-heureux. Auffi déplorent-ils leur récipifcence & ils donneraient tout pour être toujours fous de ce genre de folie, & c'eft encore pour eux une mince portion de l'éternelle béatitude.

Cependant, depuis longtemps je m'oublie & je cours en dehors des limites. Si quelqu'un de mes difcours vous paraît empreint de pétulance ou de loquacité, fongez que je fuis la Folie &, qui plus eft, femme. Cependant fouvenez-vous de ce proverbe, que: « Souvent l'homme fou a parlé mal à propos, » à moins que vous ne penfiez que ce dicton ne concerne en rien les femmes. Je vous vois attendre une conclufion. Mais vous êtes bien fous vous-

mêmes, fi vous vous imaginez que je puiffe me rappeler tout ce que je vous ai dit, quand j'ai répandu un tel fatras. Voici deux fentences en guife de conclufion, l'une fort vieille : « Je n'aime pas un compagnon de bouteille bien pourvu de mémoire, » & l'autre, de fraîche provenance : « Je hais l'auditeur aux fouvenirs tenaces. »

Allez donc en paix, applaudiffez-moi, je vous fouhaite graffe vie & bonne fanté, illuftres adeptes de la Folie ; & maintenant la farce eft jouée !

NOTES

AVANT-PROPOS ET INTRODUCTION

Page I. *Traduire l'Éloge de la Folie.* — De cet *Éloge de la Folie* on peut rapprocher avec agrément & profit un charmant opufcule de Louife Labé, reproduit dans l'édition définitive de M. Profper Blanchemain. C'eft une fantaifie dialoguée, partagée en cinq « difcours » & portant pour titre : *Débat d'Amour & de Folie.* L'apologie de la cliente d'Erafme eft faite cette fois par Mercure en plein tribunal olympien.

Page II. *Le rire bienheureux de la Renaiffance.* — Taine, dans fa *Philofophie de l'art en Italie*, a fort bien dit pour caractérifer cette époque : « L'homme va au grand rire comme l'eau coule fur la pente. »

Page III. *La dame au vert chaperon.* — Pafferat, dans fon fonnet au Roi fur la mort du fou Thulène, montre ce dernier bien & dûment

. . . . couvert
D'un joli chaperon fait de jaune & de vert.

Page VI. *Comme Shakefpeare traite fon Malvolio.*—Avec ce métaphorifme parfois bizarre du grand poëte anglais, Olivia fait entendre à ce Malvolio ce qu'elle penfe de lui & de toute l'efpèce des hypocrites toujours prêts à fe récrier : « Quand on eft généralement fans remords & de franche nature, on prend pour des flèches à moineau ce que vous tenez pour des boulets de canon. » (*Le Soir des Rois*, trad. F.-V. Hugo.)

Page VIII. *Atellanes*. — Confulter fur cette queftion un excellent réfumé de M. Paul Albert, dans fon *Hiftoire de la littérature romaine*. (Ch. Delagrave, 1870, p. 182 & fuiv.) : « Les fables atellanes (d'Atella, capitale des Ofques) étaient de véritables fables fatiriques. Leurs perfonnages devinrent de bonne heure des types qui pouvaient recevoir les modifications les plus diverfes fans perdre leur caractère original. » Ainfi, M. Paul Albert voit dans l'*atellane* la forme primitive de la *Commedia dell' Arte;* dans fes héros Maccus, Bucco, Pappus, Dorfennus, les prototypes de l'Arlechino, du Pulcinella, du Pantalon, du Docteur bolonais.... Sylla lui-même fe plut à compofer des atellanes. M. Paul Albert nous renvoie du refte à la monographie des *Atellanes*, par Munck (*de Fabulis atellanis*).

Page XVIII. *La fcolaftique épaiffie de ténèbres*... — « C'eft affez vécu en ténèbres », s'écriait Dolet.

Page XIX. *Guillaume de Lorris, Jean de Meung, Rutebeuf, Alain Chartier*. — L'excellent ouvrage de M. Charles Lenient, *la Satire en France*, vous rendra toute cette ironie des vieux trouvères, plus libres que ne le pourraient être nos contemporains.

Page XXX. *Les Adages.* — La publication des *Adages*, en 1500, fut le grand fuccès de l'époque. L'illuftre hellénifte Budé difait de ce livre, compilation de toute la fageffe antique : « C'eft le magafin de Minerve, tout le monde y a recours, comme aux feuilles de la fibylle. »

Page XXXI. *Les honneurs.*— « Holbein, le grand peintre de Bâle, peignit Erafme en habit de triomphateur, paffant, couronné de lauriers, fous un arc romain & comme entraînant le monde par cette *via facra* de l'antiquité. » (Michelet, *la Renaiffance*, p. 376.)

Page XXXIII. *L'infiftance de Léon X.* — Voici un fragment d'une lettre de Léon X à Henri VIII, où, à propos d'Erafme, le pape athénien dit entre autres chofes : « J'ai toujours aimé les hommes doctes & les bonnes lettres : cet amour eſt né avec moi, l'âge n'a fait que l'accroître, parce que les lettres font l'ornement & la gloire de l'Egliſe chrétienne. »

Page XXXIV. *Budé.* — Rechercher à propos de Budé non-ſeulement l'*Eſſai hiſtorique* de M. Rebitté (1846), mais les pages de Bayle, un mémoire de Boivin le jeune (5ᵉ volume du *Recueil de l'Académie des Inſcriptions*); un article d'Andrieux (*Œuvres*, 4ᵉ vol.); un chapitre de M. Charpentier (*Hiſtoire de la Renaiſſance des Lettres en Europe*); une étude de Léon Feugère, dans les chapitres qui ſervent d'appendice à ſon *Eſſai ſur les Femmes poëtes au* XVIᵉ *ſiècle* (Didier).

Page XXXVI. *Avec l'Eloge de la Folie.* — Il eſt curieux de ſavoir l'opinion de Luther ſur ce livre, quand il ſe fut tourné contre Eraſme. Les *Propos de table* nous l'apprendront : « En écrivant ſon livre ſur la Folie, Eraſme a engendré une fille telle que lui. Il veut badiner, ricaner & railler ; mais c'eſt un bouffon & un extravagant, & le livre de ce fou eſt pure folie. »

Page XXXVII. *Bedda.* — Ce Bedda, cuiſtre fanatique, oſa bien s'attaquer au bon génie de la Renaiſſance, à la fleur des Valois, à Marguerite d'Angoulême, ducheſſe d'Alençon, reine de Navarre. Il la fit jouer en *furie d'Enfer* par les écoliers du collége de Navarre. Bedda fut ſans doute pourſuivi, condamné à l'amende honorable, relégué au mont Saint-Michel. Mais après ſa diſgrâce ſes outrances fanatiques n'en eurent pas moins gain de cauſe.

Page XXXVIII. (Note.) *Clément Marot a traduit deux de ces colloques.* — Ce même Marot a fait, en quatre vers aſſez mauvais du reſte, une épitaphe du « grand Eraſme ». (Coll. Jannet, t. II, p. 237.)

Page XLVI. *Le Caton dont parle Sénèque.* — Voir le traité *de Conſtantia ſapientis.* Sénèque y diviniſe Caton. Les paroles auxquelles je fais alluſion ſont celles-ci : *Stetit ſolus & cadentem rempublicam, quantum modo una retrahi manu poterat, retinuit.*

Page LX. *Quelle eſt la Pallas qui t'a mis cela en tête?*

— L'auteur fait allusion aux interventions fréquentes d'Athéné dans l'*Iliade* & dans l'*Odyssée*; « perpétuelle conseillère d'Ulysse & de Pénélope », guide de Télémaque, elle est devenue, par une conséquence logique, le *Mentor* de Fénelon.

— *Tu fais le personnage de Démocrite.* — Voir Juvénal (IVe satire) : « Comment ne pas approuver ces deux philosophes dont l'un partait invariablement d'un éclat de rire au premier pas qu'il faisait hors de chez lui, tandis que l'autre, au contraire, larmoyait toujours. Rire, du reste, est une façon de satire à la portée de tout le monde; ce qui m'étonne, c'est qu'Héraclite ait eu autant de larmes à sa disposition; Démocrite, lui, riait à se rompre les côtes ». (Trad. Despois.)

— *L'homme de toutes les heures.* — Expression attribuée à Tibère par Suétone, dans la *Vie* de ce prince.

— *Un souvenir de ton ami* — Il y a dans le texte μνημόσυνον *tui sodalis*. — C'est un hémistiche de Catulle. (12, 13.)

— *Chicaneurs.* — *Vitiligatores*, dit le texte latin, mot énergique pour désigner la manie, la maladie de plaider. Caton l'a introduit dans la langue latine. Chez nous Racine a dit :

> Des chicaneurs viendront nous manger jusqu'à l'âme...
> Racine (*les Plaideurs*, act. I, sc. viii).

Page LXI. *L'ancienne Comédie.* — La Comédie grecque, on le sait, dérive, comme la tragédie, des solennités dionysiaques, des fêtes du Kômos. Elle eut de toute antiquité la parabase, défilé du chœur comique venant chanter une tirade lyrique devant les spectateurs, & la danse du cordace. A cette danse hardie et quelquefois obscène, à cette parabase qui n'est qu'une longue apostrophe coupée d'élans & de réflexions, les lecteurs plus ou moins bienveillants pourraient en quelque manière comparer l'opuscule d'Erasme. Mais cette comparaison n'aurait rien de désobligeant pour lui. La « vieille » ou « ancienne » Comédie s'est incarnée dans Aristophane; mais nous savons que ses plus grandes audaces n'étaient rien auprès des intempérances de ses devanciers, Cratinos & Cratès. Aristophane joua en réalité vis à vis de ses prédécesseurs, comme plus tard Shakefpeare & Molière, un rôle de modérateur.

— *La Batrachomyomachie.* — On a ceffé depuis longtemps d'attribuer à Homère ce petit poëme tragi-comique dont l'honneur eft fort arbitrairement revendiqué pour Pigrès, frère d'Artémife.

— *Le Culex*, *le Moretum.* — Ces deux petits poëmes font réclamés, comme la *Copa*, pour la jeuneffe de Virgile.

— *Bufiris.* — Ce tyran, mis à mort par Hercule, était le plus fouvent un perfonnage de comédie. Antiphane, Ephippos, Mnéfimaque l'avaient pris à partie. A fon fujet, dans notre *Hercule grec* (p. 122), nous avons dit : « Ce fpectacle des tyrans grotefques était politique à l'égard des rois ou des ufurpateurs populaires. Pour ceux qui réfléchiffaient dans les libres cités grecques, rien ne devait être plus pitoyable & par fuite plus rifible que l'être doué de toutes les puiffances pour le mal. Contre Denys & fes émules le rire était une des revanches de la juftice & de la liberté! Bufiris a, du refte, fouvent occupé les poëtes de l'antiquité. Ces vers fameux de Virgile en portent témoignage :

Quis aut Euryfthea durum
Aut illaudati nefcit Bufiridis aras. »

— *Glaucon a loué publiquement l'injuftice.* — Ce trait de Glaucon eft emprunté à la *République* de Platon (liv. II).

— *Favorinus, Therfite & la fièvre quarte.* — C'eft Aulu-Gelle (liv. XVII, chap. xii), qui nous dénonce ce Favorinus comme un homme habitué à traiter d'abfurdes paradoxes. Il était d'ailleurs apprécié de fon temps. Ce rhéteur fut l'ami d'Adrien, l'émule de Polémon, le familier de Plutarque, après avoir été l'élève de Dion Chryfoftome. Therfite nous eft connu par Homère, qui le met en fcène au IIe chant de l'*Iliade* (212-277). D'après le témoignage de la *Chreftomathie* de Proclus, conservée dans la bibliothèque de Photius, Arctinos de Milet, un des poëtes du cycle épique, auteur d'une *Ethiopide*, faifait tuer Therfite par Achille. Therfite fe ferait attiré le courroux du héros en lui reprochant, après fa lutte victorieufe contre Penthéfilée, l'amour infpiré par la vue de l'amazone morte. Achille aurait été obligé d'aller chercher une expiation à Lesbos, fous les aufpices d'Artémis & de Léto, par l'intermédiaire d'Ulyffe.

— *Synéfius.* — Ce fut un de ces hommes à l'imagination demi-chrétienne, demi-païenne, qui abondèrent dans les premiers fiècles de l'Églife triomphante. Il fut poëte & évêque de Ptolémaïs.

— *Sénèque a exercé fa verve fur l'apothéofe de Claude.* — Cette apothéofe dérifoire de Claude porta le titre d'*Apocoloquintofe* ou *Métamorphofe de Claude en citrouille.* Ce pamphlet a fourni la matière d'une des meilleures leçons rédigées par M. C. Martha, cet écrivain exquis, ce fin connaiffeur de la littérature latine.

— *Le dialogue d'Ulyffe & de Gryllus.* — On fait avec quelle fimplicité enjouée Fénelon a repris dans fes *Dialogues* ce vieux thème de l'antiquité.

— *Chevauché fur un long bâton.* — Réminifcence d'Horace : *Equitare in arundine longa.*

Page LXII. *Combine des queftions fur la laine des chèvres.* — Le commentateur Gerardus Liftrius comprend fous ce titre en propres termes l'Immaculée Conception, la toute-puiffance du faint-père, la précellence de Pierre ou de Paul, matières où il entre, dit-il, « plus d'argumentation litigieufe que de vraie piété ».

Page LXIII. *Pour ce qui regarde la farine.* — Réminifcence d'Ariftophane dans les *Nuées* : « Et que me ferviront vos nombres pour la farine ! »

— *Nous n'avons pas été, comme Juvénal, remuer la fentine fecrète des crimes.* — Relire à l'appui ces trois poëmes du Maître, qui réfument la décadence romaine : « *L'Efprit de Rome* (Châtiments) ; la *Statue* (Contemplations, Ier volume) ; *au Lion d'Androclès* (Légende des fiècles) :

> Tous les vices de Rome, égoût du genre humain,
> Suintent comme en un crible à travers cette voûte,
> Et l'immonde univers y filtre goutte à goutte. »

TRADUCTION

Page 1. *C'eſt la Folie qui parle.* — Cette entrée en ſcène d'un être allégorique, à moitié abſtrait, à moitié divin, nous rappelle l'apologie bien moins étendue mais non moins curieuſe que la Fortune prononce dans la *Conſolation* de Boèce (liv. II). Le début offre quelque analogie avec les premières lignes de l'opuſ-cule éraſmien. La Fortune ſe plaint auſſi d'être mécon-nue :

Quid tu, o homo, ream me quotidianis agis querelis?
Quam tibi fecimus injuriam ? quæ tua tibi detraximus bona?

Page 2. *Comme des dieux d'Homère.* — Les dieux d'Homère étaient bons convives. Ils ne dédaignaient pas de quitter l'Olympe pour les banquets terreſtres. L'*Iliade* (ch. I, v. 423 & ſuiv.), les attable chez les « irréprochables » Ethiopiens.

— *Népenthès.* — Boiſſon qui ſuggérait l'oubli de la douleur. La formation du mot l'indique, aſſociant πένθος, douleur au ν privatif. Dans l'*Odyſſée* (ch. II, v. 219 & ſuiv.), Hélène hoſpitalière offre à Télémaque comme à Ménélas, ſon époux réconcilié, le breuvage du népenthès, qui inſinue l'oubli des maux & tarit pour un jour la ſource des larmes.

— *L'antre de Trophonius.* — L'oracle de Trophonius, perſonnage myſtérieux, réſidait dans une caverne de Béotie. Vous trouverez à ce ſujet la deſcription la plus complète dans *Pauſanias* (IX, 39). Déjà Hérodote en a fait mention (*Clio*, chap. XLVI); dans les *Nuées* d'Ariſtophane (v. 508), Strepſiade ſe dit ſaiſi de crainte devant la maiſon de Socrate comme s'il avait à deſcendre dans l'antre de Trophonius. Conſultez encore Plutarque (*de Oraculorum defectu; — de Deo Socratis; — Athénée*, liv. XIV), où il rapporte l'hiſ-toire d'un certain Parméniſcos qui était revenu de l'antre de Trophonius, à jamais incapable de rire, ἀγέλαστος; — Lucien (*Dial. des morts*, III); — Phi-loſtrate (*Apoll. Tyan.*, VIII, 39); — Cicéron (*Tuſcul.* I, 47; *de Nat. deor.*, III, 19).

— *Celle que jadis notre Midas a départie au dieu Pan.*
—Le jugement de Midas eſt trop connu pour y inſiſter. Le rôle non plus fabuleux mais hiſtorique de Midas eſt atteſté par Hérodote (liv. Ier, chap. xiv).

Page 3. *Ce nom de ſophiſtes.* — Les ſophiſtes ont ſi mauvais renom qu'on ne peut les réhabiliter qu'à demi. Cependant il n'eſt plus permis de nier l'utilité de leur apparition, l'efficacité de leur enſeignement, quand on apprend ſoit l'hiſtoire, ſoit la philoſophie grecque avec MM. Perrot ou Girard, Chaignet ou Fouillée.

— *Un éloge non d'Hercule.*—Alluſion au grand nombre des panégyriques d'Hercule qui avaient été prononcés.

Page 4. *Habille la corneille de plumes étrangères.* — Cette locution répond à une formule d'apologue très-ancienne. Eſope & Phèdre ont indiqué à notre la Fontaine le *Geai paré des plumes du Paon.*

Page 5. *Phalaris.* — Lucien a écrit l'apologie de Phalaris. C'eſt une pure déclamation que le ſatirique prête à un Dorien venant juſtifier Phalaris devant les Agrigentins, & faiſant retomber les crimes du tyran ſur Périlaüs qui n'en peut mais.

Page 8. *Anes ſous la peau du lion.* — (V. Eſope, fable V; — La Fontaine, liv. V, fable XXI, l'*Ane vêtu de la peau du lion.*)

— *Leurs oreilles proéminentes ſignalent en eux des Midas.* — Le ſouvenir de ces oreilles légendaires provoque des exclamations plaiſantes dans une farce de la ducheſſe d'Alençon. (V. les *Marguerites de la Marguerite des Princeſſes,* t. IV.) Trop & Prou, perſonnages allégoriques, ſont à leur grand ennui pourvus d'oreilles déméſurées. Et ils ſe récrient fréquemment & s'en prennent ſurtout au roi de Phrygie, leur devancier :

> Midas, Midas, Midas, Midas!
> Nos triſteſſes ſont nonpareilles. . . .
> . . . .
> . . . .
> Midas, Midas, Midas, Midas !
> Que pour vous nous avons de peine

. . . .
. . . .
Midas, Midas, Midas, Midas !
Pour nous très-mal vous fûtes né,
. . . .
. . . .

Page 9. *Et cela eſt comme cela.* — Paroles prêtées avec une intention dériſoire à l'eſclave Carion par Ariſtophane, dans le *Plutus*.

Page 10. *Le Chaos, Orcus, Saturne, Japet.* — Eraſme, en bon helléniſte, rappelle ici les divinités primitives, telles qu'Héſiode les a dénombrées dans ſa *Théogonie*. Il n'omet d'y joindre que l'Amour, l'Erèbe, la Nuit. « Avant toutes choſes fut le Chaos », dit Héſiode (v. 116). Japet arrive au vers 134, à côté d'Hypérion. Saturne ou Chronos eſt plus jeune, « Chronos à l'eſprit recourbé » (v. 137). Orcus eſt un nom latin qui répond à l'Hadès des Grecs. Orcus, chez les Romains, nous repréſente le dieu des ferments; par métonymie, ce vocable ſignifie la demeure ſouterraine. Voici deux exemples différents du même mot pris dans une double & diverſe acception :

Dives in ignava lucidus Orcus aqua.
Tibulle (III, III, 38).
Stygioque caput damnaverat Orco.
Virgile.

Une troiſième ſignification vient s'y ajouter, celle de *mort* :

Horriferis accibant vocibus Orcum,

dit Lucrèce en parlant de nos ancêtres des âges préhiſtoriques. (*De Nat. rer.*, v. 993.)

Milton, ſi pénétré de mythologie, n'a pas manqué de ſe ſouvenir de tous ces dieux des premiers âges. Il inſère dans ſa hiérarchie infernale, au Ier chant de ſon poëme, Saturne lui-même; au IIe chant, il range autour du Chaos comme deux êtres diſtincts, Orcus & Hadès, & place auprès d'eux Démogorgon « au nom redouté », qui ſemblerait plus primitif & plus myſtérieux encore.

— *Mon père c'eſt Plutus.* — Reportons-nous à l'œuvre brillante qui, chez Ariſtophane, ſert de tranſition entre la vieille & la moyenne Comédie. Rappelons-nous la cécité de Plutus, dont deux adroits compères veulent faire leur profit, & l'éloquente proteſtation de la Pauvreté qui s'annonce déjà comme la mère féconde des héros.

Page 11. *La farouche Pallas.* — Pallas & Athéné qu'Eraſme confond d'après la tradition de toute l'antiquité, primitivement conſtituaient deux déeſſes ſéparées, comme les plus anciens monuments en font foi.

— *Ce boiteux artiſan.* — Cette épithète, qui s'applique à Vulcain, éveille le ſouvenir de la jolie odelette de Ronſard :

  Le boiteux mari de Vénus,
  Le maiſtre des Cyclopes nus.

— *L'errante Délos.* — La deſtinée mythologique de Délos remplit la première partie de l'hymne homérique en l'honneur d'Apollon. Callimaque a chanté « Délos ». Tibulle, au déclin des ferveurs païennes, s'écriait :

  Phœbe tua eſt. Delos, ubi nunc
    Tibulle (II, III, 30).

— *La mer onduleuſe.* — Alluſion à la naiſſance d'Aphrodite-Vénus, ſi ſouvent célébrée par les poëtes dans ſon apparition d'Anadyomène. Toutes les mémoires réſonnent des beaux vers de Muſſet, déparés malheureuſement par un non-ſens : « Vénus *Aſtarté* ». L'Aſtarté phénicienne n'a rien à démêler avec les divinités de l'Hellade & de l'Ionie. Sully-Prud'homme, après Muſſet, a glorifié « *la naiſſance de Vénus* » (*Stances & Poëmes*, édit. Lemerre, 1872) :

  Je parais pour changer, reine des harmonies,
  Les rages du chaos en flottantes langueurs,
  Car je ſuis la beauté ; des chaînes infinies
  Gliſſent de mes doigts blancs au plus profond des cœurs.

— *Les creuſes cavernes.* — « Creuſes », épithète homérique.

— *Iles Fortunées.* — Horace avait invoqué les îles Fortunées, ſéjour des bienheureux :

    Arva, beata
  Petamus arva, divites & inſulas &c.
    (*Epodes* XVI, 42.)

De même dans l'ode VIIIe du livre IV, nous lifons :

> Ereptum ftygiis fluctibus Æacum
> Virtus & favor & lingua potentium
> . . . .divitibus confecrat infulis.

— *Champs d'afphodèle.* — L'afphodèle avait peu de prix pour les anciens & quelque tristesse à leur estimation. Car c'est en des champs d'afphodèle que fe menait la danfe des morts, comme a pu le dire Leconte de Lisle en fes Imitations anacréontiques.

Page 12. *Moly.* — Herbe fabuleufe dont Hermès fait préfent à Ulyffe dans le Xe chant de l'*Odyffée* (v. 302 & fuiv.), pour le préferver des philtres vénéneux de Circé : « Ayant ainfi parlé, le tueur d'Argus me préfenta une plante arrachée à la terre & m'en apprit les vertus; elle était noire par la racine, par la fleur d'une blancheur lactée; les dieux l'appellent moly. »

— *Les jardins d'Adonis.* — Rechercher la defcription d'un jardin d'Adonis dans les *Syracufaines.* (Théocrite, Idylle XV.)

— *Je n'ai nullement commencé la vie par les pleurs, mais par un doux fourire à l'adreffe de ma mère.* — Phénomène exceptionnel, don de nature. C'est à un enfant divin promis à de miraculeufes destinées que Virgile a pu dire feulement :

> Incipe, parve puer, rifu cognofcere matrem.

Page 13. *Philautia, Kolakia, &c.* — Ces abstractions perfonnifiées étaient dans le goût latin; le moyen âge les a tranfmifes fidèlement à la Renaiffance.

Page 14. *Affembleur de nuages.* — Auparavant nous avons vu Pallas *douée de la force paternelle.* Les expreffions homériques abondent chez Erafme.

Page 16. *En dépit de Lucrèce.* — Allufion au début du beau poëme de l'ami de Memmius.

Page 17. *A ne rien penfer confifte le bonheur de la vie.* — La Folie force un peu les textes. Dans Sophocle, ces paroles font prononcées par Ajax, bleffé d'amertume & de mélancolie, lorfqu'il fe fait amener fon jeune enfant par fa captive & concubine Tecmeffe.

Page 20. *Je hais un enfant d'une précoce fageffe.* — Adage cité par Apulée.

— *Plus doux que miel.* — Epithète fouvent attribuée à Neftor dans Homère.

— *La voix douce comme le lis.* — C'eft ainfi qu'Homère qualifie la voix grêle & douce de ces vieillards rangés fous les murs d'Ilion, & « femblables à des cigales », auxquels il fut donné de voir & d'admirer Hélène, tout en déplorant fon féjour à Troie. (*Iliade*, ch. III, v. 149 & fuiv.)

Page 23. *La jeuneffe de Tithon.* —
> Te potuit lacrymis Tithonia flectere conjux.
> Virgile.

Malherbe, dans fa *Confolation à du Périer*, a fixé bien mal à propos, du refte, ce fouvenir mythologique :
> Tithon n'a plus les ans qui le firent cigale.

Page 24. *Morychos.* — Une des épithètes appliquées à Dionyfos. — Bacchus, littéralement « l'enluminé ».

— *La vieille Comédie.* — La vieille Comédie à tout moment fe jouait aux dépens de Bacchus, comme elle s'exerçait à moindre droit au préjudice d'Hercule. L'exemple le plus fameux d'un Bacchus livré aux rifées fe trouve dans les *Grenouilles* d'Ariftophane.

Page 25. *Vénus belle comme l'or.* — Epithète très-fréquente chez Homère & dans tous les vieux poëtes. L'éclat de l'or fuffit à la juftifier. De même « elle rit toujours » (p. 26), répond à l'épithète homérique φιλομειδής, amie du rire.

Page 26. *Momus qui jadis avait coutume de les traiter de la forte.* — D'abord pris au férieux comme un divin cenfeur, Momus eft devenu chez Lucien & dans les polygraphes de la décadence le railleur de l'Olympe, une forte de Ménippe célefte.

— *Précipité fur la terre avec Até.* — Até, déeffe de l'égarement & de la punition auffi, nous repréfente un des plus anciens perfonnages myftiques. Elle nous eft défignée par Héfiode (*Théogonie.*, v. 230), comme la fille d'Eris (la Difcorde), & citée par Homère à deux reprifes. Au chant ıx (v. 504 & fuiv.), Até donne lieu au beau mythe des Prières marchant fur fes pas pour réparer les dommages qu'elle a caufés. Au chant xıx (v. 910 & fuiv.), non-feulement elle eft décrite par le poëte, mais Homère nous raconte fa complicité avec Héra pour retarder l'accouchement d'Alcmène. Alors Zeus faifit Até par fes cheveux « luifants », & s'engagea par ferment à ne la jamais laiffer revenir dans l'Olympe & « le ciel étoilé ». M. Jules Girard, dans fon beau livre fur le *Sentiment religieux en Grèce*, a rendu avec fa fineffe & fa profondeur accoutumées ce type étrange d'Até (p. 113) : « Chaffée du ciel, elle tourmente & afflige les hommes. « Elle les abufe, & par l'erreur les pouffe au mal qui « appelle fur le coupable la punition. Ce qui l'aide le « plus dans fon œuvre malfaifante, c'eft la paffion « infolente & hardie toujours prête à franchir les « bornes légitimes, toujours difpofée à *l'injure orgueil-« leufe.* »

Page 28. *Priape en bois de figuier.* — Sans parler de la Ire fatire du Ier livre dans Horace, Priape a fouvent infpiré les poëtes, & fpécialement dans Catulle, fon zélé defservant, les poëmes XVIII, XIX, XX, font pleins de grâce & de fraîcheur.

— *Mercure ne donne-t-il pas la comédie par fes larcins & fes preftiges?* — Rien ne vaut en cet ordre d'inventions mythologiques l'hymne à *Hermès*, fi heureufement mis en fcène par Cox, dans fes contes mythologiques : *les Dieux & les Héros.* (Traduct. Baudry & Délerot. Hachette, 1867.)

— *Vulcain lui-même a fait le plaifant à la table divine.* — Cette gaîté de l'Olympe, amplifiée par l'Evhémérifme, a largement défrayé les poëtes de la Renaiffance. V. Hugo, en écrivant fon beau poëme du *Satyre*, a été fidèle à leur tradition; c'eft bien au début l'Olympe vu à travers Lucien.

— *Silène qui danfe le cordace avec les Polyphèmes.* — Le type de Silène eft un des plus curieux qu'ait inventés l'antiquité compréhenfive. Tantôt elle le figure dans les drames fatiriques comme un ivrogne pufillanime, dodelinant fur un baudet :

   Pando Silenus afello ;

tantôt elle le présente comme un vieillard d'une sagesse & d'une expérience consommées, tenant devant Midas le langage le plus grave, révélant aux bergers, dans Virgile, l'origine des choses. Comme Bacchus, son élève, il offre un double caractère physique & mystique. Dans le livre III de la *Symbolique* de Creuzer, M. Guigniaut a saisi avec sa puissance d'indagation ce personnage complexe.

— *Les Satyres demi-boucs jouant leurs atellanes.* — Admirons une fois pour toutes ce bonheur d'expression, *rerum curiosa felicitas*, qui témoigne de l'imagination d'Erasme. Quelle invention charmante & neuve alors, ces satyres comédiens!

— *Pan avec sa chanson sans art.* — Ce n'est pas une chanson sans art, mais un chant délicieux que l'hymne homérique assigne à ce dieu montagnard :

Μελίγηρυν ἀοιδήν

Il en fait le maître accoutumé des roseaux & le compagnon de danse des nymphes. Ici notre Erasme s'éloigne de la tradition.

— *Harpocrate.* — Dieu du silence.

— *Corycien.* — Locution accréditée chez les Grecs. On traitait de coryciens tous ceux qui écoutent à la dérobée.

Page 33. *Quand un homme embrasse avec délices une tache sur le visage de sa maîtresse.* — La pensée évoque le fameux passage du *Misanthrope*, où Molière d'ailleurs s'est inspiré de Lucrèce. Entre Lucrèce & Molière, Horace a jeté ces vers qu'Erasme transcrit à peu près. (*Satires*, liv. I, sat. III, v. 38 & suiv., 54, 55, 69, 70.)

> Illuc prævertamur, amatorem quod amicæ
> Turpia decipiunt cœcum vitia aut etiam ipsa hæc
> Delectant, veluti Balbinum polypus Hagnæ.
> . . . .
> . . . . Strabonem
> Appellat pætum pater . . . .
> . . . . Opinor,
> Hæc res & jungit, junctos & servat amicos.
> Nam vitiis nemo sine nascitur; optimus ille est
> Qui minimis urgetur. . . . .

Page 34. *Le serpent d'Epidaure.* — Horace, (ibid., v. 25, 26).
> Cur in amicorum vitiis tam cernis acute
> Quam aut aquila aut serpens epidaurius...

Les serpents d'Epidaure étaient consacrés à Esculape. Le serpent symbolisait du reste la perspicacité comme la prudence.

— *La besace sur leur dos.* — Encore un legs d'Esope aux poëtes & aux moralistes. Perse s'est écrié bien avant Erasme :
> Ut nemo in sese tentat descendere, nemo,
> Sed præcedentis spectatur mantica tergo.

Et bien après Erasme, la Fontaine s'écriera :
> Le fabricateur souverain
> Nous créa besaciers tous de même manière.
> (*Fables*, liv. I, vii.)

Page 36. *Traitez-le de coucou.* — Nous renvoyons le lecteur à ce charmant poëme de Passerat : *Métamorphose d'un homme en oiseau.* Selon Sainte-Beuve, dans son *Tableau de la poésie française au xvie siècle,* c'est un petit chef-d'œuvre de grâce & d'enjouement qui fait époque dans l'histoire de notre poésie & honore le xvie siècle. Un bon bourgeois de Corinthe a perdu sa femme partie avec un jeune ami. Le ciel pitoyable le change en coucou :
> Et néanmoins quand le printemps renflamme
> Nos cœurs d'amour, il cherche encor sa femme,
> Parle aux passants & ne peut dire qu'*où.*

— *Il boit avec ses lèvres les larmes de sa chère adultère.* — Image bien expressive & que n'égale pas dans sa brièveté la tirade d'Arnolphe sur les maris complaisants (*École des Femmes*, act. Ier, sc. Ire).

Page 38. *De Nirée vous deviendrez Thersite.* — Nirée n'est mentionné qu'au IIe chant de l'*Iliade* (v. 671 & suiv.). Ce fils de Cécrops & d'Aglaia passait pour le plus beau des Grecs, mais il n'était qu'un débile guerrier.

Page 40. *Le conseil d'Archiloque.* — Cette pusillanimité d'Archiloque, qui le fit chasser du territoire de Sparte, est signalée par Plutarque dans ses *Apophtegmes laconiens.*

Page 41. *Les puces, les moucherons.* — Réminifcences des *Nuées* d'Ariftophane.

Page 42. *Cette fameufe fentence de Platon.* — Cette fentence s'eft bien trouvée confirmée par d'illuftres exemples dont le plus fameux eft celui des Antonins. Néanmoins Commode, fuccédant à Marc-Aurèle, fuffit à démontrer combien les inftitutions offrent plus de garanties que le defpotifme même des fages & des héros.

Page 44. *Timon.* — Le Timon de Lucien dont Shakefpeare a fait fa propriété & fon bien.

Page 46. *Apologue plaifant & puéril.* — L'apologue de Ménénius Agrippa, verfifié par la Fontaine fous ce titre : « *Les Membres & l'Eftomac* » (liv. III, fabl. II), après avoir été traité par Rabelais (liv. III, ch. III).

Page 47. *Se guinder dans le Forum fous les dehors d'une ftatue d'airain :*

> Aheneus ut ftes.
> Horace (*Satires*, III, liv, II, v. 183).

Page 49. *Les Silènes d'Alcibiade.* — C'eft dans le *Banquet* de Platon qu'Alcibiade compare Socrate à l'un de ces Silènes qui, difformes à l'extérieur, trahiffaient en s'ouvrant des images divines. Voir le début du *Gargantua* de Rabelais.

Page 50. *Un Dama.* — Expreffion dont fe fervent Horace & Perfe pour défigner un perfonnage obfcur & méprifable.

Page 54. *Auffi bien qu'une pierre rigide ou qu'un rocher de Paros.* — Erafme s'eft fouvenu du beau vers de Virgile :

> Quam fi dura filex aut ftet Marpefia cautes.

Ce vers défigne l'attitude de Didon devant Enée au VIe livre de l'*Enéide* (v. 470-71), de Didon encore plus implacable & plus vengereffe par la majefté de fon filence qu'elle ne l'eût été en proférant de bien légitimes reproches.

— *Le feul roi, le feul fage, le feul libre.* — C'eft la

théorie ſtoïcienne pouſſée, il eſt vrai, juſqu'au paradoxe, mais qui a le mérite d'atteſter l'indépendance que la conſcience peut donner.

Page 55. *Les filles miléſiennes.* — Alluſion à une anecdote contée par Aulu-Gelle. Ces vierges de Milet avaient été ſaiſies par l'appétit de la mort.

Page 56. *Chiron.* — Il s'agit du Centaure pédagogue d'Achille. Ce même Chiron renonça à ſon immortalité au profit de Prométhée. Il avait eu le deſſous dans une lutte contre Hercule, défenſeur de ſon ami Pholos.

— *Dans le ſtyle d'Ariſtophane.* — Ces épithètes ſe trouvent en effet ſur les lèvres de l'eſclave Carion, dans le *Plutus* d'Ariſtophane.

Pages 58-59. *Qu'importe ſi tout le public vous ſiffle, pourvu que vous vous applaudiſſiez?*
Populus me ſibilat; at mihi plaudo.
Horace (*Satires*, I, liv. I, v. 66).

Page 60. *Theut, mauvais génie du genre humain.* — Platon nous raconte, dans le *Phèdre*, l'hiſtoire de ce perſonnage, génie inventeur, qui vint communiquer ſes ſecrets au roi égyptien Thamus, & qui, ſelon Platon, fit un mauvais préſent aux hommes en ſubſtituant *l'écriture à la mémoire*.

Page 67. *Comme ſi l'indulgence des dieux leur avait donné la miſſion d'égayer la triſteſſe de la vie humaine.* — Écoutons, chez un de nos contemporains, une princeſſe parler d'un fou (Elsbeth, dans le *Fantaſio* de Muſſet, act. II, ſc. 1.) : « Son eſprit m'attachait à lui « avec des fils imperceptibles; ſa perpétuelle moquerie « me plaiſait à l'excès; tandis qu'il me parlait, il me « paſſait devant les yeux des tableaux délicieux; ſa « parole donnait la vie comme par enchantement « aux choſes les plus étranges. »

Page 68. *Ne voyez-vous pas mes Fous être chers aux plus grands rois?*
L'Angély, l'Angély,
Viens, j'ai le cœur malade & d'amertume empli.
Toi qui ſeul quelquefois me dérides,
Viens!...
(Louis XIII, dans la *Marion Delorme* de Victor Hugo, act. IV, ſc. VIII.)

— *Notez, en paſſant, ce privilége des bouffons.* — Dans une curieuſe étude de mœurs florentines, un fou de cour, Giuntone, peut dire impunément devant un Médicis : « Il me plaît de blâmer votre triſteſſe. Je « ſuis ici ſur mon terrain de franchiſe. Le quolibet « m'eſt donc permis & j'en uſe comme de ma pro- « priété... Bouffon, mais c'eſt mon titre d'honneur ! « Et quel beau titre ! La vie eſt aſſez ſtérile ſi on ne « l'arroſe de bouffonnerie. »

Alfred des Eſſarts (*François de Médicis*).

Page 69. *La vérité au vin.* — Cette corrélation entre la vérité & le vin eſt exprimée par Alcibiade dans le *Banquet* de Platon.

— *Ce fou dit des choſes folles.*

Euripide (*Bacchantes*).

Page 70. *Tourner le noir en blanc :*

Maneant qui nigra in candida vertunt.
Juvénal (Satire III, v. 30).

— *Souffler le chaud & le froid.* — Voici la vieille fable d'Éſope, aſſez faiblement reproduite par la Fontaine (*le Satyre & le Paſſant*, liv. VII, fabl. VII). J. de Baïf avait mieux traité ce ſujet dans le livre III de ſes *Mimes & Enſeignements*.

— *Les femmes ſe plaiſent particulièrement avec cette eſpèce d'hommes.* — La Bruyère a dit plus durement : « Pour quelques autres plus retirées un maçon eſt « un homme, un jardinier eſt un homme. » (*Caractères*, ch. IV, des Femmes.)

Page 72. *Qu'importe l'époque de la mort pour cet homme qui n'a jamais vécu ?*

Ils n'ont fait qu'exiſter, l'amant ſeul a vécu,

a fort bien dit André Chénier, dans l'abandon de ſon « *Art d'aimer* ».

— *Deux Vénus, deux Cupidons.* — Rechercher ces fictions dans le *Banquet* de Platon.

Page 73. *La Sibylle n'eût pas qualifié de furieux les travaux d'Énée :*

Infano juvat indulgere labori.
Virgile (*Énéide*, liv. VI, v. 135).

— *Elles pourfuivent l'efprit criminel :*
>Scelerum furiis agitatus Oreftes.

— *Cet Argien qui pouffait fi loin cette aimable fureur.* — Ici Erafme fuit Horace pas à pas. L'aventure de l'Argien qui dans un théâtre illufoire croyait affifter à une repréfentation imaginaire, & les réflexions qui viennent après fa guérifon, tout cela eft prefque mot pour mot dans la IIe épître du livre II (v. 128-141).

Page 75. *Il faut mettre dans la même catégorie ceux qui méprifent tout en dehors de la chaffe.* — Il fied ici de revenir à Molière & à fa fameufe fcène des *Fâcheux* (act. II, fc. VII).

Page 80. *Leur faint Chriftophe affez femblable à Polyphème.* — Affimilation hardie pour l'époque. D'ailleurs ce morceau fur la fuperftition femble avoir été écrit pour tous les temps. Il ferait aujourd'hui d'une actualité frappante. On peut en rapprocher dans la Bruyère le paffage fur les faux dévots (chap. *de la Mode*), fi heureufement terminé par ce trait caractériftique : « Un dévot eft celui qui fous un roi athée ferait athée. »

Page 81. *Ainfi grâce à ces indulgences.* — Cette éloquente imprécation contre les indulgences allait être juftifiée par le fuccès de la Réforme.

Page 87. *L'un rapporte fa race à Enée, l'autre à Brutus, cet autre à Arthur.* — « Un homme de la cour qui n'a pas un affez beau nom doit l'enfevelir fous un meilleur, mais s'il l'a tel qu'il ofe le porter, il doit alors infinuer qu'il a de tous les noms le plus illuftre. » (La Bruyère, *de la Cour*, chap. VIII.)

— *Ils montrent des images d'ancêtres peintes & fculptées.*
>Stemmata quid faciunt? Quid prodeft, Pontia, longo
>Sanguine cenferi pictofque oftendere vultus
>Majorum & ftantes in curribus Æmilianos.
>>Juvénal (Sat. VIII, v. 6 & fuiv.).

— *Un nouvel Hermogène.* — Célèbre chanteur du temps d'Augufte que dans fes *Satires* Horace a plufieurs fois mis en fcène (liv. Ier, fat. III, v. 29; liv. Ier, fat. IV, v. 70).

Page 90. *En ce genre de satisfaction les Romains.* — Les Romains du XVIᵉ siècle sont assez fidèlement dépeints dans les *Regrets & les Antiquités* de du Bellay. Le poëte s'accorde sur ce point avec Erasme.

— *Les Germains se font honneur de leur stature.* — Tacite nous montre, en son IVᵉ chapitre de la *Germanie*, les Germains « d'une haute stature & vigoureux pour un premier effort ».

Page 94. *Le déclamateur.* — Fénelon traite avec plus de sévérité ceux qui tournent la parole sacrée en déclamation de rhétorique. (V. le chapitre IV de la *Lettre sur les occupations de l'Académie françaife.*) Il a raison de dire : « Ce n'est point avec cette ostentation de paroles que saint Pierre annonçait Jésus crucifié. »

Page 96. *La caverne de Platon.* — C'est le plus célèbre mythe que le philosophe ait déroulé. Vous le trouverez au VIIᵉ livre de la *République*.

— *Mycille.* — C'est un savetier que Lucien a mis en scène rêvant la nuit qu'il était devenu riche, & réveillé par le chant du coq,

Il fit couper la tête à son coq de colère.

Cette aventure a donné lieu à une comédie piquante de MM. Nus & Trianon, représentée sur le Théâtre-Français.

Page 97. *La Peine, la Fièvre.* — Ces bizarres divinités n'en avaient pas moins des temples. Le sanctuaire de la Fièvre se dressait sur le mont Palatin.

Page 101. *Junon à Argos.* — Héra (la Junon des Latins), dit au IIIᵉ chant de l'*Iliade* (v. 51 & suiv.) : « Trois cités me sont chères entre toutes : Argos, Sparte, Mycènes aux larges voies ». Et elle offre le sacrifice de ces trois villes en retour de la destruction d'Ilion.

Page 104. *Moinillons adulateurs.* — Ce n'est pas la seule attaque qu'Erasme dirigera contre ces quêteurs vagabonds, en butte aux traits de tous les grands satiriques du XVIᵉ siècle, Luther, Hutten, Rabelais.

Page 105. *Ménippe.* — Ce Ménippe joue aux enfers

dans la vafte comédie de Lucien le rôle que foutient Momus dans le ciel, le perfonnage du difeur de vérités & de l'infatigable moqueur.

Page 106. *Le rameau d'or.* — C'eft le rameau de la Sibylle au VIe livre de l'*Enéide*.

— *Les pédants.* — Les pédants fervent, comme les moines, de cibles à tous les grands efprits du xvie fiècle, railleurs par humanité. Ils inaugurent une lutte que Molière achèvera en portant le dernier coup au pédantifme dans la perfonne de Métaphrafte, de Marphurius, de Pancrace, de Vadius & de Triffotin.

— *Toujours fordides.* — Voyez le portrait du pédant tracé par Régnier, dans fa Xe fatire fur un repas ridicule :

Le pédant tout fumeux de vin & de doctrine.

— *Lieux de fupplice.* — Rappelez-vous le tableau tracé par Montaigne, de ces claffes « jonchées d'ofier fanglant ».

Page 110. *Pour rien au monde, il ne permuterait avec les rois des Perfes.* — Philaminte ne dit-elle pas dans les *Femmes favantes* :

La grammaire qui fait régenter jufqu'aux rois
Et les fait, la main haute, obéir à fes lois.

— *Les poëtes...., c'eft une race libre* :

Pictoribus atque poetis
Quidlibet audendi femper fuit æqua poteftas.
Horace (*Epit. aux Pifons*, v. 9 & 10).

Page 112. *Plus avifés font les plagiaires.* — Comparez avec ce paffage de la Bruyère (chap. 1, *des Ouvrages de l'efprit*) : « Il y a des efprits, fi j'ofe le dire, inférieurs & fubalternes ». Et avant la Bruyère Montaigne, dans fes *Effais*, avait fort mal traité les pédants qui vont « pillotant la fcience dans les livres ».

Page 113. *Alcée, Callimaque.* — On peut confronter avec cet échange de fadaifes complimenteufes le dialogue de Vadius & de Triffotin, au IIIe acte des *Femmes favantes*.

Page 115. *Dodone.* — Allufion aux chaudrons d'airain difpofés dans le temple dédié à Zeus, de manière à répercuter le fon.

Page 116. *Stentor.* — Ce Stentor était la voix de l'armée grecque. Héra prend ſes traits pour ſtimuler le courage des Achéens.

Homère (chap. v, v. 78 & ſuiv.).

Page 118. *Ne pas remuer Camarine.* — Il s'agit d'un marais voiſin de la ville de Camarine, immortaliſée par un vers d'André Chénier. Ce marais incommodait la cité par ſes exhalaiſons peſtilentielles. Apollon, conſulté, répondit « de ne pas remuer Camarine ». On ne tint pas compte de cet oracle: le marais fut defféché, mais auſſi ſervit-il de paſſage aux ennemis pour prendre Camarine.

— *Anagyre.* — Herbe qui répandait au toucher une odeur répugnante.

Page 120. *Filet de Vulcain.* — Ce fabliau ſe trouve tout au long dans l'*Odyſſée*, raconté par l'aède phéacien Démodocos (ch. viii, v. 267, 367).

Page 126. *La toile de Pénélope.* — Conſulter l'*Odyſſée* (ch. ii, v. 87, 111).

Page 137. *Le ciel des Abraxaſiens.* — L'hérétique Baſilide avait fabriqué 365 ciels différents.

Page 138. *La bouche fermée par un gâteau.* — De même Enée offre à Cerbère :

Melle ſoporatam & medicatis frugibus offam.
(*Enéide*, liv. VI, v. 420).

Page 146. « *L'âne près de la lyre.* » — Vieille locution. Baïf, dans ſes *Mimes*, nous dira :

La lyre à l'aſne, au porc la harpe.

Page 150. *Que dirai-je des grands ?* — Même développement de penſées dans la Bruyère (*de la Cour*, chap. viii) : « Qui eſt plus eſclave qu'un courtiſan aſſidu, ſi ce n'eſt un courtiſan plus aſſidu ? L'eſclave n'a qu'un maître, l'ambitieux en a autant qu'il y a de gens utiles à ſa fortune. »

— *Ils laiſſent aux autres le ſoin d'être vertueux.* — La Bruyère a dit encore plus nettement : « Les grands n'ont point d'âme. »

(*Des Grands*, chap. ix.)

Page 156. *Une telle foule de parasites, &c.*—Les témoignages abondent chez Dante, Pétrarque & tous les écrivains les plus catholiques du moyen âge, sur la prodigieuse corruption de la cour papale à Rome & à Avignon.

Page 163. *La déesse de Rhammunte.* — La Némésis adorée à Rhammunte, bourg de l'Attique.

— *Le hibou de Minerve.* — Cet oiseau était consacré à la divine Athéné qui le prit sous sa protection en souvenir d'Ascalaphe, fils d'Achéron & de la Nuit, & lui-même métamorphosé en hibou, pour avoir dénoncé Déméter en quête de Perséphoné, & signalé les sept grains de grenade cueillis par la déesse dans l'Hadès.

Page 167. *Mêler à la sagesse une folie passagère :*
    Misce stultitiam consiliis brevem.
                    Horace (liv. IV, Ode XII, v. 26).

— *Une courte folie est charmante.* — C'est ainsi que nous traduisons le « *dulce est desipere in loco* ».
                    Horace (liv. IV, Ode XII, v. 27).

Page 176. *La plupart des docteurs préféreraient errer plutôt que d'être dans le vrai avec ces gens à triple idiome.* — En France, la Sorbonne tenait en suspicion le grec & l'hébreu. Marot, dans une de ses épîtres à François Ier, accusait formellement les « sorboniqueurs » d'être ennemis
    De la *trilingue* & docte académie.
C'est-à-dire du Collége de France fondé par l'intelligente générosité du monarque, & où l'on enseignait le grec & l'hébreu au même titre que le latin.

Page 189. *Saint Paul rejette la science comme pernicieuse.*—Bossuet a pu dire que saint Paul « ignore la rhétorique & méprise la philosophie » ; cependant il ne faudrait pas faire consister dans ce mépris & dans cette ignorance toute la tradition d'une religion qui a tant de fois évolué. Il importe même de distinguer l'élégante habitude des Pères grecs de la barbare doctrine des Pères latins.

Page 197. *Les gens de piété travaillent à se les arra-*

cher (*les sentiments naturels*). — C'est ainsi qu'Orgon, à l'école de Tartuffe, arrive à dire :

> Il m'enseigne à n'avoir d'affection pour rien.
> De toutes amitiés il détache mon âme,
> Et je verrais mourir frère, enfants, mère & femme,
> Que je m'en soucierais autant que de cela.

BIBLIOGRAPHIE

Moriæ Encomium, Erafmi Roterodami declamatio. — Argentorati, in ædibus Math. Schurerii, menfe augufto, anno MDXI. — In-4º.

Opufculum cui titulus eft Moria, id eft ftultitia quæ pro concione loquitur. — Venetiis, in ædibus Aldi, menfe augufto, 1515. — In-8º.

— Édition de Florence, per hæredes Phil. Juntæ, 1518. — In-8º.

— Édition de Venife, per Jo. Iacuinum de Tridino, 1518. — Petit in-8.

— Cum commentariis Ger. Lifterii. — Bafileæ, typis genethianis, 1676. — In-8º.

Eadem declamatio (édition Becker). — Bafileæ, 1780. — In-8º.

Eadem declamatio. — Parifiis, Barbou, 1777.

Μωρ. ἐγκ., id eft ftultitiæ laus, declamatio. — Horn., 1839. — In-8º.

De la déclamation des louanges de folie, ftyle facefſieux & profitable pour cognoiftre les erreurs & abus du monde. — Paris, Pierre Vidone, pour Galiot Dupré, 1520. — Petit in-4º goth.

L'Éloge de la Folie, traduit du latin par Gueudeville. Amfterdam, L'Honoré, 1728. — Petit in-8º.

L'Éloge de la Folie, traduit du latin par Gueudeville.

Paris, 1751. — Édition donnée par Meunier de Querlon. — Petit in-8º.

Traduction de Laveaux. — Bâle, 1780. — In-8º.

Traduction de Barrett. — Paris, 1789. — In-12.

Traduction de C.-B. de Roualbe (Ch. Brugnot). — Troyes & Paris, Roret, 1826. — In-8º.

Édition Nifard. — Paris, 1843 & 1855.

Traduction en italien, par un anonyme. — Baffano, 1761. — In-8º.

Traduction en anglais, par Thomas Chaloner. — London, 1569. — In-4º.

— Par Kennet. — London, 1709. — In-8º.

En allemand, par Rafca. — Francfort & Leipzig, 1735. — In-8º.

En hollandais, par J. Wefterboon. — La Haye, 1659. — In-8º.

En fuédois, par Sam. Lundberg. — Stockolm, 1728. — — In-8º.

TABLE

Avant-propos	I
Introduction historique	XXIII
Préface. — Erasme de Rotterdam à Thomas Morus	LXI
L'Éloge de la Folie	I
Notes. — Avant-propos & introduction	205
— Traduction	211
Bibliographie	229

IMPRIMÉ A ÉVREUX

En l'année mil huit cent soixante-dix-sept

PAR CHARLES HERISSEY

EVREUX, IMPRIMERIE DE CHARLES HÉRISSEY

www.ingramcontent.com/pod-product-compliance
Lightning Source LLC
Chambersburg PA
CBHW071340150426
43191CB00007B/800